我和我的祖国

教育部关心下一代工作委员会 编

广西师范大学出版社
·桂林·

序

十年树木，百年树人。做好关心下一代工作，关系中华民族的伟大复兴。教育部关工委成立三十周年是我国改革开放和社会主义现代化建设取得瞩目成就的三十年，也是各级教育系统关工委和广大“五老”为党的教育事业薪火相传、做出积极贡献的三十年。回眸三十年，各级教育系统关工委不忘为党育人初心，牢记立德树人使命，突出“五老”优势，为青少年健康成长做出了“独特贡献”，谱写了一曲曲离休不离岗、退休不褪色的动人篇章。

三十而立，风华正茂。值此之际，教育部关工委出版了《院士说》《工匠志》《我和我的祖国》《老校长下乡日志》《家庭教育公开课》《教育系统关心下一代课题研究成果集萃》等系列丛书。它们是三十年来各级教育系统关工委和广大“五老”急党政所急、想青年所需、尽关工委所能的一个缩影，浓缩了教育“关工人”赤诚的教育情怀、创新的工作思路、为立德树人工作永无止境的探索实践。

这里有隐姓埋名三十载、只为沧龙游四海的“中国核潜艇之父”黄旭华一生无怨无悔、与时代同行的动人故事，也有一生只做一件事的“故宫男神”王津求学求艺的心得和精益求精、耐住寂寞的“工匠精神”，院士们、劳模们在教育系统关工委组织下纷纷走进校园、走近青年学生，用自己的人生经历、真挚情感讲与祖国同成长的故事、科教报国的情怀和人生的感悟，生动感人，直击学生内心，达到了“与君一席话，胜读十年书”的教育效果。

这里有老校长们深入贫困地区帮助学校加强管理及开展教师队伍、校园文化建设的工作日志，“一个人被需要才是幸福”“我们愿做贫困山区发展的隐形翅膀”，老校长们不仅把先进的教学理念、优质的教育资源送到受援地，大大提升了受援学校的办学理念、管理水平、教学水平，更是用这种大爱精神深深感染着周围的每一个人，甚至还稳住了年轻的特岗教师，提升了当地脱贫攻坚的满意度。

这里有针对新冠肺炎疫情期间出现的“疫情综合征”“儿童手机、网络成瘾”等家庭教育问题开设的“家庭教育公开课”实录，“及时沟通，彼此尊重，顺势而养，乘势而行，纠偏而行”“从孩子精神层面入手，让他成为一个快乐的好人”，千千万万家长们通过教育系统关工委组织的家庭教育公开课掌握了正确的家庭教育理念和科学方法。

这里有基层教育系统关工委鲜活生动的实践成果，也有将实践中积累的好经验好做法凝练升华后的理论成果，涵盖学习贯彻习近平新时代中国特色社会主义思想、关工委组织力建设、品牌活动建设、家庭教育等方方面面，凝聚了一代代教育关工人的智慧和心血，既是对这三十年探索实践比较全面的总结，更是谋划未来的工作基础。

这套系列丛书用朴实的文字记录了三十年来教育系统关工委在做什么、为什么做以及产生了什么影响，这是教育系统关工委三十年来，特别是党的十八大以来发展历程的见证和忠实记录，也是“五老”风采的集中展示。这些“故事”为守护青少年健康成长而书写，为服务社会、服务家庭而书写，为关工委自身建设发展而书写，是对过去的总结，也是教育系统关工委助力立德树人的鲜活实践的凝练。

三十而立，任重道远。站在两个一百年历史交汇点上，面对世界百年未有之大变局，教育部关工委愿始终与大家一起，以更加奋发有为的状态，在更高的起点上，引领青少年与时代同向同行、与国家民族命运与共，为培养社会主义建设者和接班人做出新的更大贡献。

今年是建党一百周年，也是“十四五”开局之年，谨以这套系列丛书作为我们教育系统关工委献给党百年华诞的一份礼物，是为序。

李卫红

（教育部关心下一代工作委员会主任）

二〇二一年四月

目　录

红色记忆　老战士篇

科技报国　院士篇

敬业奉献　老模范篇

教书育人、服务社会　老专家、老教师篇

红色记忆

老战士篇

隋光：

从纷飞战火中走来的桃李人

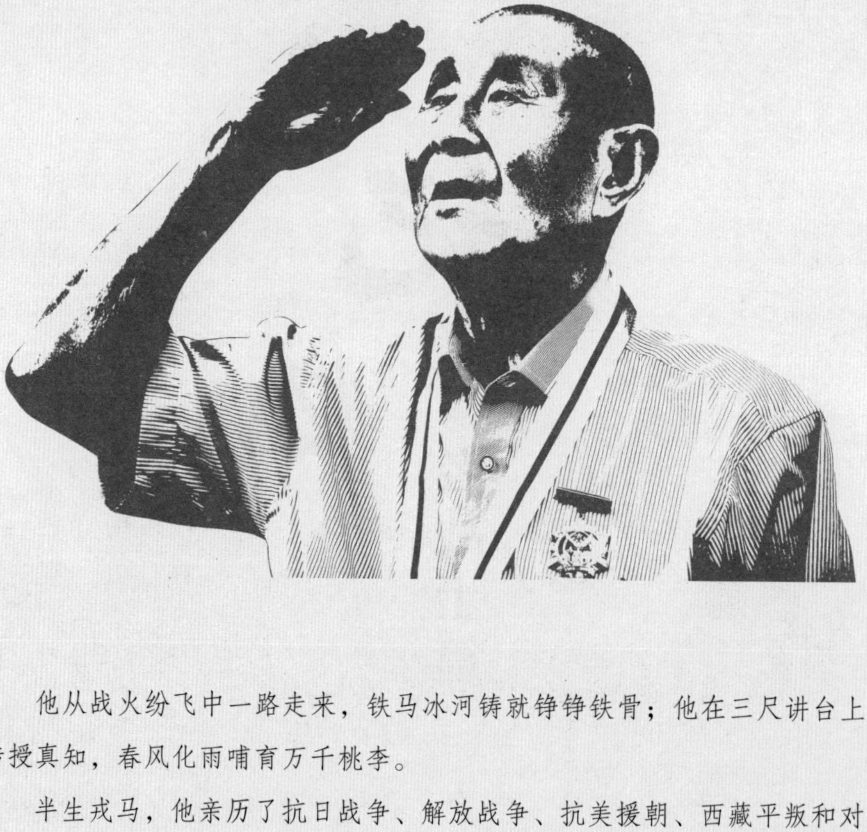

他从战火纷飞中一路走来，铁马冰河铸就铮铮铁骨；他在三尺讲台上传授真知，春风化雨哺育万千桃李。

半生戎马，他亲历了抗日战争、解放战争、抗美援朝、西藏平叛和对印自卫反击战，没有人比他更懂得和平的可贵；半生耕耘，他精研马列主义原理，乐教善教、爱生如子，没有人比他更明白教育的真谛。

他，就是淮海战役亲历者、江苏师范大学离休教师——隋光。

在江苏师范大学那间不大的教师公寓里，我们第一次见到了 97 岁高龄的隋光老人。他正仔细阅读着当日的《人民日报》，这是他每天的必读读物。晨光中的老人神采奕奕，谈笑自若，为我们讲述了他的传奇过往。

峥嵘岁月：甘洒热血写春秋

在徐州市南郊凤凰山东麓，巍峨的淮海战役烈士纪念塔屹立其间。作为那场大决战的亲历者，隋光老人常在这里驻足沉思，缅怀战友。

1948 年 11 月，26 岁的隋光接到上级命令，要求他即刻赶赴淮海战场，投入战斗。枪林弹雨中，隋光所在部队前后与敌方交火数次。有那么两次，子弹穿过硬邦邦的棉裤，棉絮跳脱而出，瞬间被鲜血染成红色的花朵。“轻伤不下火线”，隋光咬紧牙关，和战友们继续前进。战斗间隙，作为第九纵队连队指导员的隋光经常组织大家进行“为谁当兵、为谁打仗”的主题教育，极大地鼓舞了士气。“打仗，士气不能倒，精神不能垮。”讲起那段历史，隋光老人依然语气坚定，目光沉稳：“我们是为人民而战，一定会赢得胜利。”

杏坛执教：丹心吐哺育桃李

1966 年，隋光褪去一身戎装，投入教育一线。他说，经历了旧社会的黑暗和战争的残酷，他更懂得教育兴国的道理，要为祖国培养更多的优秀人才。

江苏师范大学的师源楼，是当时隋光所在马列主义教研室的办公地。“那时上这门课都在大教室，有一百多名学生，几乎每个系的学生我都教过。”讲起这些过往，隋光总是满心的欢喜与自豪。

“亲其师，信其道。”如今，隋光曾经的学生们早已成为各行各业的中流砥柱，追随着隋光的脚步，奉献青春与智慧。

老骥伏枥：壮士常怀家国情

离休后，隋光依然把学习作为第一要务，每天都要花四个小时读书阅报，了解时事。虽已远离讲台，隋光仍然心系学子，他生活简朴，且将积蓄用来资助贫困学生。

这些年，隋光常常受邀到学校、企业做报告，讲述自己亲历的战斗故事。他总是不顾年迈的身体，一讲就是两三个小时。“我想让更多的孩子、更多的后来人了解那段历史，继承我们民族血脉中的不屈意志和斗争精神。”这是隋光最深切的期望，也是一个老战士、老教师永远不变的家国情怀。

如今，已是耄耋之年的隋光身体依然健朗，校园里的青松林是他散步时最喜欢的去处。每当来到这里，他总是情不自禁地默念陈毅司令的诗作：“大雪压青松，青松挺且直。要知松高洁，待到雪化时。”这正是隋光老人传奇人生的写照：生如青松，正直挺拔，风雪无侵，高洁磊落。

人物小传

隋光：1922年生，江苏师范大学离休教师。1941年参加革命，曾亲历抗日战争、解放战争、抗美援朝、西藏平叛和对印自卫反击战，被授予中华人民共和国“三级解放勋章”和朝鲜民主主义人民共和国“三级国旗勋章”。1966 年转业分配至徐州市委党校，1973 年调至徐州师范学院（现江苏师范大学），曾任校马列主义教研室党支部书记、副主任，1983 年获徐州市人民政府颁发“从事人民教育三十年”荣誉证书，同年光荣离休。

（撰稿人：邢冲、庞理云）

秦玉萱：

94 岁八路军老兵的初心与坚守

2019 年是中华人民共和国成立 70 周年。七十载峥嵘岁月，许多先辈的名字和容颜已渐渐模糊，但那一张张泛黄的照片依然拥有直击人心的力量。

1958 年，为庆祝“五一”劳动节暨人民英雄纪念碑建成，国家领导人接见各军区代表，留下了一张珍贵的合影，站在邓小平同志左后方的便是原新疆军区代表，现（2019 年）已 94 岁高龄的中国传媒大学离休教师秦玉萱。他曾被授予“抗日独立自由奖章”“三级解放勋章”“中国人民抗日战争胜利 70 周年纪念章”。

从1939年在烽火连天的岁月里参加八路军，到今天在和平安定的生活中安享晚年，秦玉萱亲身参与并见证了祖国翻天覆地的发展变化。虽然时光流逝，但那些最珍贵的记忆一直记在心头。聊起过往，他精神饱满，激情昂扬。

少年壮志，参军报国

1939年7月，“卢沟桥事变”后，年仅14岁的秦玉萱参加八路军，投身中国共产党领导的敌后抗战洪流，成为一二〇师三五九旅四支队的一名普通战士。次年，部队向陕甘宁边区转移，15岁的秦玉萱紧抓马尾巴，防止掉队。原地休息时，疲惫的他立马就睡着了，醒来已不见大部队的踪影。秦玉萱边跑边喊：“文书！文书！”一次又一次，跌倒爬起，终于隐隐听到了马蹄声。黑暗中，走在队伍后面的代春山教导员和兰方副主任亲切地招呼他，暖热的大手和满是泥泞与伤痕的小手紧紧握在了一起。

之后的无数个日夜，一双双有力的大手引导秦玉萱在革命征途上勇敢前行。

开荒南泥湾，建设大后方

1941年，由于内外封锁，边区的财政经济陷入困难，三五九旅四支队奉命来到南泥湾一线，他们高喊“一把镢头一支枪，生产自给保卫党中央”，开展轰轰烈烈的大生产运动。在这里，秦玉萱和战友们搭锅起灶、开荒种地、纺线做衣，将贫瘠荒凉的南泥湾建设成了“陕北好江南”。

两年后，毛泽东、彭德怀等领导人前来视察，面对丰盛的菜肴，毛泽东高兴地说：“这些都是靠我们自己劳动得来的。”三五九旅被中共中央西北局誉为“发展经济的前锋”。

进军天山，建设新疆

1949 年 9 月，秦玉萱跟随王震将军到了新疆。面对一望无际的戈壁滩，看到贫穷落后的游牧生活景象，秦玉萱和战友们又开始了气吞山河的大建设运动。没有房屋，便把军装裹紧，在荒郊野地抱团取暖；没有肥料，就动员战士和老乡一起捡粪积肥；基础设施不健全，战士们就一砖一瓦地修建。几年后，曾经的荒漠化做良田，兰新铁路、吐鲁番火车站相继落成。而他也在这里收获了爱情，拥有了美满的家庭。

一套礼服，一份荣耀

这套蓝底黄边的礼服，秦玉萱用心珍藏了六十年，虽然只穿过三次，但每一次都弥足珍贵。

1955 年，入伍十六年的秦玉萱第一次穿上这身少校礼服，参加了具有历史意义的授衔仪式。他说，那是对他军旅生涯最好的肯定。也就是穿着这套礼服，他见证了中华人民共和国第九次阅兵仪式，还得到了毛主席、周总理、朱总司令的接见。他摸着礼服，诉说着过去的一幕幕，脸上泛着笑意，幸福之情溢于言表。

老骥伏枥，初心不改

1977 年，秦玉萱转业到北京广播学院（现中国传媒大学），担任保卫处长，为校园安全稳定保驾护航。离休后，他保持着每天翻阅报纸的习惯，聆听党的声音，紧跟时代步伐。他还经常给青年学生讲述那烽火连天的岁月，告诫青年人要了解历史，不忘初心，牢记使命。秦玉萱常说，“我现在生活得很幸福，这离不开党和学校的关怀，我总想着为国家再做点什么……”

如今，当年英气勃发的战士早已白发苍苍，但他胸膛里燃烧着的爱国热情永远不会熄灭，肩上担负着的兴国责任永远不会卸下。

人物小传

秦玉萱，1925 年生，中国传媒大学离休干部。1939 年参加八路军，1940 年随三五九旅四支队进驻陕甘宁边区，保卫党中央、建设南泥湾。1944 年底至 1946 年秋，王震率三五九旅主力南下，后完成中原突围，秦玉萱都参与其中。解放战争时期，他参加了西北战场人民解放军战略进攻的一系列重要战役。1950 年，他跟随部队到达祖国西陲，为解放大西北、保卫和建设新疆、巩固祖国统一作出贡献。他 1977 年来到北京广播学院工作，1987 年离休。曾获“抗日独立自由奖章”“三级解放勋章”“中国人民抗日战争胜利 70 周年纪念章”。

（撰稿人：郭会、陈彦池、王雷亭）

夏斗寅：

投笔从戎，教书育人

他是一名战士，又是一名老师，更是一名有着坚定理想信念的共产党员。他从战火硝烟中走来，在和平年代为中国教育事业奉献一生。他，就是抗战时期中国空军某部飞行员、上海财经大学教授夏斗寅。

投笔从戎，教书育人，这是夏斗寅一生的缩影，也是他坚守信仰守卫家国的最好诠释。

战火频仍，投笔从戎，凌壮志于长空誓报国

1944 年夏天，18 岁的夏斗寅做出了人生中第一个重要的选择——加入中国空军。国破山河在，城春草木深，面对当时抗日战争愈演愈烈的形势，夏斗寅毅然决然放弃了继续求学的机会，转而决定走上从军报国之路。

抗战胜利以后，夏斗寅突然接到命令，他所服役的国民党部队即将与共产党的军队正面开战，内战即将打响。面对这场一触即发的同胞之战，夏斗寅毫不犹豫地选择复员，放下武器，离开战场。他说，中国人不能打中国人，如果要让他成为这样的罪人，他宁愿放弃所拥有的一切。

和平年代，教书育人，倾半生于校园终无悔

1952 年的一天，夏斗寅老师迈入了上海财经大学的校门，讲台一站，就是四十个春秋。这四十年里，夏斗寅不仅带出了一大批学生，还笔耕不辍，牵头出版了《海商法基础》《英汉法律词典》等多部著作，取得了丰硕的学术成果。回忆起上海财经大学法学学科的发展历程、法学院从无到有的发展岁月，夏斗寅老师对我说，“我们的国家要发展，经济、金融是领头羊，但是法律一定不能落下。就算我们有再多的贸易和投资，没有法

律做后盾，没有合同去规范，没有制度去调节，最后也一定是做不好的。”在夏斗寅老师和其他老一辈法学系教师的不懈努力下，上海财经大学法学院在20世纪90年代终于成立了。

离休之后的夏斗寅老师继续致力于学校的学科建设和人才培养，先后帮助学院建立了法律经济学和法律金融学两个二级学科博士点，以及法学一级学科博士点。2012年，在夏老师等老一辈法律人的倡导和推动下，上财法学院启动英美法和比较法教育，在中国大陆首开“英美法证书班”，开创了国内法科教育国际化新模式。

夏斗寅老师特别喜欢年轻人，他对我们说：“财经院校的法科学生手握财经和法律两大武器，又遇上了中国的国际化进程，这是你们的使命和担当。如何做一名合格的法律人，如何在瞬息万变的法律国际化浪潮中抓住机遇，为祖国的经济、法律建设做出贡献，未来就看你们的了！”

从抗战老兵到坚持理想信念的爱国老教师，夏斗寅用一生的努力向我们证明，在中华人民共和国七十年奋斗历程中，有太多像他这样平凡的人，用他们的艰苦奋斗默默耕耘，支撑着我们祖国从民族独立中走来，向国家富强迈进。夏老师坚定的理想信念和爱国精神，也激励着我们年轻一代在面向世界、面向未来的征途中，不忘初心，牢记使命，永远奋斗，书写无愧于时代、无愧于祖国、无愧于人民的青春诗篇！

人物小传

夏斗寅：1926年生，上海财经大学离休教授，抗日战争时期中国空军某部飞行员。1944年7月参加中国空军，1946年10月复员。中华人民共和国成立后，先后任职于上海市法院、上海市司法局、中国国际经济贸易仲裁委员会等单位，1952年进入上海财经大学任教，1992年离休。曾牵头出版《海商法基础》《英汉法律词典》等著作，为改革开放后中国法学学科建设和学术繁荣做出了重要贡献。

（撰稿人：贺健健、徐德璇）

李若伦：

耄耋专家、反细菌战的坚强斗士

他是经过抗美援朝战争洗礼的志愿军战士，他是为祖国医学教育事业做出突出贡献的专家学者。

他曾说：“一个民族要有魂，一个人要有志气。”“唯有祖国科技发展了，经济才能振兴，国力才能强盛，中华民族屹立于世界民族之林的愿望才能实现。”

他，就是耄耋专家，反细菌战的坚强斗士，创办我国医学检验本科专业第一人，原吉林医学院院长、资深教授李若伦。

在北华大学附属医院里见到李若伦，他精力旺盛，谈吐清晰诙谐，看上去不像 90 岁。谈到抗美援朝，他感慨万千；提及祖国医学教育事业，他豪情不减。

保家卫国，打赢反细菌战

1951 年，李若伦从第一军医大学毕业后参加了中国人民志愿军，奔赴朝鲜战场，经受了血与火的洗礼，取得了反细菌战的胜利。那一枚朝鲜民主主义人民共和国功勋章，铭刻着他光荣的记忆。

从朝鲜战场归来，他认识到细菌能为人类造福，反过来也能残害人类。从那时开始，他从事传染病学和病毒学的研究工作整整七十年。

耕耘不辍，科研惠及民生

李若伦在白求恩医科大学（现吉林大学医学部）组建了传染科研究室，参与研究并首次发现吉林省流行的人畜共患的布氏菌病和严重危害人民生命的流行性出血热，在防治中取得成效，受到省政府的表彰。

他从 20 世纪 60 年代初开始对病毒性肝炎的诊治进行研究，在病毒性疾病的分子免疫诊断和中草药免疫调节对病毒性肝炎的疗效方面取得研究成果。

他研制细胞因子——干扰素的抗病毒效应，在国内首次用干扰素治疗流行性出血热，抑制痢疾杆菌。

从刚刚而立到耄耋之年，对医学事业的执着与奉献，丰富了李若伦的人生内涵。

攻坚克难，首创检验本科专业

1983 年，李若伦被任命为吉林医学院（现北华大学）院长，创办了全国高校第一个医学检验本科专业。

1984 年，教育部特批吉林医学院招收检验专业研究生。三十五年来，一届又一届研究生走出校园，走进全国各大医院和科研机构，成为行业的领军人物。

学院率先与日本国滋贺医科大学开展校际合作交流，互派专家、研修生，随后与美、俄、日高校签订教育研修和技术交流协议；在北京等地建立十三个教学实习基地，提高医学临床教学质量，获得首届高校优秀教学成果奖。

李若伦用自己的丰富阅历，诠释了白衣战士和人民教师的深刻内涵。

心系医学，追问生命价值

“怀若竹虚维曲水，气同兰静在春风。”这是李若伦教授 66 岁时好友赠送给他的条幅，形象地刻画了他的精神世界。就在那一年，他创办了生物医学研究所，经吉林省教委认定为临床免疫病学重点学科。

他曾说：“唯有祖国科技发展了，经济才能振兴，国力才能强盛，中华民族屹立于世界民族之林的愿望才能实现。”

如今，他已身患癌症六年，仍然每天工作在教学科研第一线，仍然在续写着不朽的荣誉和等身的著作。

时光有情，它见证着国家医学事业的进步，也见证着一位老专家与祖国的心心相印、砥砺前行。

人物小传

李若伦：1930年生，北华大学免疫学教授、硕士生导师，享受国务院政府特殊津贴，曾于1951年入朝作战。离休前任吉林医学院院长兼党委书记，吉林省学位委员会第一届委员、省高级职称评审委员会委员、《中国实验诊断学》杂志副主编等。带领团队创建全国第一个检验本科专业，首创地区硕士点。曾获朝鲜民主主义人民共和国功勋章、吉林省“吉林英才奖章”，被吉林省政府授予“医学教育战线优秀教育工作者”“人民教师”称号。

（撰稿人：杜彦华、王力）

方道中：
一生追随党

她曾是解放海南岛的战士，历经战火的洗礼；她曾是抗美援朝的英雄，浴血奋战，英姿飒爽；她是北京市农业干部管理学院的奠基人，为北京农村培养了一大批一线领导骨干。她一生追随党，成为时代群星中最为璀璨的一颗。

她，就是原北京市农业干部管理学院院长、离休干部方道中。

在中华人民共和国诞生的序曲中走上战场

1949 年 5 月，武汉解放。当时正在武汉上中学的方道中找到解放军领导，坚决要求参加革命。部队接纳了这个只有 17 岁的中学生，从此，她跟随四十军一路南下，参与解放湖北、湖南、江西、广西、广东和海南岛的战役。

解放海南岛时我军只有渔民的木帆船和炸药包，借着四月份的北风，一艘艘小帆船载着我们的勇士拼命划到敌人军舰边上，战士们人扛人爬上去用炸药包炸掉军舰的轮机舱。但是因为太接近爆炸中心了，几乎没有战士能活下来。他们的血染红了整个琼州海峡，映红了整个天空。好多烈士都没有名字，没有遗体，家人只知道自己的孩子走了，去哪儿了？干什么？什么时候回来？不知道，甚至家人都不知道他们是否还活着。七十年后，方道中深情地回忆说：“每当我仰望飘扬的红旗，都会忆起琼州海峡那红色的波涛，每当我注目烈士纪念碑石时，我都会想起下面长眠着我的战友。那旗、那碑在我心中是鲜活的，是有生命的。”

鸭绿江彼岸的战地记者

方道中在朝鲜战场上作为战地摄影记者，娇小的身躯穿行在硝烟炮火中，亲历了无数流血与牺牲，也见证了胜利与光荣。她被志愿军司令部授予三等功。有一次，她们所在坑道遭遇敌机轰炸，而在隔壁的一位女同志被炸弹弹片击中，炸掉了一条腿，血肉混着泥土飞溅到坑道的墙壁上……

她在前线采访负责照相，当时英雄的待遇就是拍一张半身照寄给老家，可是，有的战士照片还没洗出来就牺牲了。方道中说，我们的战士就是靠着血肉之躯去阻挡敌人的坦克、大炮、汽油弹，去夺取战争的胜利的，所以我们的和平非常来之不易，没有人可以夺走它。

农村干部继续教育的拓荒者

1984年，上级安排方道中同志“去建立一所学校”，这对从来没搞过教育的她来说是个严峻挑战，但她说，“如果组织上决定了，我服从命令。”于是，她离开市里的办公大楼，来到香山脚下一个只有几排平房的“干训班”。她说，我首先要做的事就是把房子盖起来，然后把学历教育办起来。她从朝鲜战场回来以后，在人民大学踏踏实实读了四年的本科教育，所学专业正是农业经济管理。凭借吃苦耐劳和能打胜仗的革命精神，方道中充分发挥大学所学，以大学里积累的丰富的师资人脉资源，积极筹建北京农业干部管理学院，仅仅一年后，学院就通过北京市教委的验收，成了当时北京市乡镇干部的学习圣地。

方道中说，我这辈子只有两件事是我自己选择的，参军是我做主的，丈夫是我选择的，其他都是党对我的安排，永远听党话，跟党走没有错。我们的国家经历了多少困难才走到今天，日子越来越好，前途光明，我为我的祖国骄傲！

人物小传

方道中：1932年生，原北京市农业干部管理学院（现北京农业职业学院）院长、党委书记。1949年6月参加革命，

1954 年 7 月加入中国共产党，1998 年 8 月离休。方道中同志参加了解放华中、华南及海南岛战争和抗美援朝战争，战争结束后考取中国人民大学农业经济管理专业，毕业后长期从事农业和教育工作。

（撰稿人：张冰源、徽少东）

王甫廷：

忆峥嵘岁月

那年他风华正茂，“捐躯赴国难，视死忽如归”，投笔从戎，光荣入党。

那年他在西北沙漠隐姓埋名，投身祖国原子弹、氢弹事业，惊世两弹，凝铸中华豪情。

那年他来到玉兰盛开的中国政法大学，以学生为重，名利最轻，时刻以党员的高标准要求自己。

他是无私奉献的老党员，是新中国的好军人，是关心学生的好老师，他是——中国政法大学老师王甫廷。

初见王甫廷老先生，这位温和而又儒雅的长者便和我脑海中那个老党员、老军人和老师的形象重合在了一起。年近八十的他朱颜鹤发、精神矍铄。简单地寒暄几句后，他和善地笑笑，开始回忆起他走过的人生路。

投笔从戎，光荣入党

王甫廷出生在离昌平县城四十里地的大山里，少时家境拮据，来往县城不便，读书时吃了不少苦，但他并未因此停止求学的脚步。1962 年，蒋介石叫嚣反攻大陆，当时在昌平一中读高中的王甫廷正是热血青年，带着一腔爱国激情的他响应党的号召，暂弃学业，毅然应征入伍，开启了自己的军旅生涯。

第二年恰逢全国开展学雷锋运动，王甫廷被雷锋无私奉献、服务人民的精神感染。他深受党员精神的感染与启发，又凭借自己的文化基础优势，最终成为学雷锋积极分子，并光荣地加入了中国共产党。

临危受命，马兰花开

马兰，是一种在“死亡之海”罗布泊大漠中仍能扎根绽放的野花。1969 年，王甫廷同七十余名干事被秘密送至坐落在罗布泊东边的马兰基地。沙漠条件艰苦，昼夜温差极大，王甫廷初到基地，放眼望去只有漫天的黄沙。基地供水困难，一日三餐都是铁皮罐头食品，几乎没有一点新鲜蔬菜。但这一切都没有动摇王甫廷和战友们的信念与理想，他们像马兰一样扎根沙漠，坚定地投身于祖国的核试验事业。

王甫廷在坦克兵部队服役，其所在队伍的首要任务是测量原子弹、氢弹对坦克的杀伤半径。他们需要在沙漠上每隔不同距离停放一辆坦克，并在每辆坦克下面部署躲避核攻击的地下掩体。此外，他们也需要观测核爆炸所产生的冲击波、光辐射对坦克和伽马射线对生物的杀伤力。若出现意外，王甫廷和战友还要负责阻止危险事态的扩大。

从原子弹到氢弹，美国用了七年，苏联用了四年，而我国只用了不到三年的时间。是什么指引着我国的科研工作者创造出了这样的奇迹？王甫廷给出了自己的答案——对祖国不掺杂质的热爱与忠诚。

但行好事，莫问前程

王甫廷来到中国政法大学之后，曾多次受到表彰，他的家中珍藏着许多奖状、证书，其中有一张奖状在他看来意义非凡——“第四届首都民族团结进步模范”奖。因为王甫廷数年如一日地关心少数民族和经济困难的同学。

对王甫廷来说，党员本身就是一种荣誉，只有无私奉献，才配得上党员称号。他曾写下这样的文字总结自己的人生志向：“我的人生，像水一样，以不变应万变，迎来一个又一个的考验。几十年来，牢记党的宗旨，不忘人民的信念。在部队当好兵，在高校带好学生，在基层带好头，才能有愉快健康的人生。”

人物小传

王甫廷：1943年生，中国政法大学退休干部。高中毕业应征入伍，在部队服役24年，曾参与核试验工作，荣立个人三等功一次、获“五好战士”荣誉称号。1985年转业到中国政法大学，历任进修学院人事处副处长、管理学院经济法系书记、校第一届党建督导员等。曾被北京市委、市政府授予“第四届首都民族团结进步模范”奖，被司法部评为“全国司法行政系统政治思想工作先进个人”。

（撰稿人：陈诺）

科技报国

院士篇

孙钧：

耄耋驻春，未来有“我”

他已经93岁了，当他登上讲台，双手扶案，岁月的痕迹全然不见。他坚持全程站着讲话，目光睿智，背挺得笔直，一气儿完成充满激情的演讲，每一句话都饱含深情。在同济大学百年校庆的前夕，他情真意切地写下了给青年学子的寄语——“机遇、环境和才干是事业成功的三要素。愿莘莘学子把握机遇、创造好的工作环境，努力增长才干，一步一个脚印，为争取自己美好幸福的人生路而不懈驰骋！”

他，就是同济大学地下建筑与工程系名誉系主任孙钧院士。

在同济大学地下建筑与工程系六十华诞暨院士专家讲座上，我坐在孙先生近旁，真切感受到先生的人格与魅力。

义不容辞，解施工难题

不只是我，大家都折服于孙钧院士远超常人的精力与激情，也为他对国家的责任感和奉献精神所感动。还记得那篇“‘90后’院士一年出差三十多次，心系港珠澳大桥”的报道，大桥建设的五六年中，孙院士的心思都扑在了港珠澳大桥上。每当大桥施工建设中遇到难题、需要孙院士为它把脉，出谋划策时，他都义不容辞，在最短的时间里赶到，“每次提技术方案，他都知无不言，剖析问题更是丝丝入扣，条理分明”。这是工程人员对孙老先生的印象，也是孙先生一贯的风格。而他却说，“我这一辈子，经手的大项目大概就是这些。不是我有什么能耐，大概是我资格比较老吧”。能力超群而谦虚待人，这样的孙老先生实在可谓吾辈楷模。

心系灾区，病榻交整治方案

2008年，突如其来的汶川大地震，造成了巨大的人员伤亡和城市破坏，举国上下都在竭力救援。82岁的孙老刚做完心脏手术在住院，他一边看电视里的抢险救灾报道，一边琢磨怎么才能把地震灾害影响减少到最小。听说学校相关学科组织了工程抗震抢险救援队，孙老坚持报名参加，还准备了一份关于堰塞湖问题的解决方案，想去现场指导实施。可是对于孙老的请求，学校和医院都不批准。孙老便在病床上写了两篇关于地震在什么情况下可以预报以及塌方后如何快速整治的文章，后来这两篇文章也由科学院交给了国务院发表。一方有难，八方支援。正是有了许多如孙老这般勇于担责、乐于奉献的人，灾区才能够如此迅速地重建，我们的国家才能蓬勃发展。

耄耋之年，家国永在心

93 岁的孙老，亲历了祖国翻天覆地的巨变，他深信，我们今天取得的伟大成就还只是开始。他说："我这大半生与国家、时代的变迁和进步时刻交融在一起，时有悲戚，而更多的是喜悦，还有振奋和自豪。"

耄耋之年，孙老先生尚且有家国在心。对于我们新时代的青年来说，孙老先生求知和实践的精神、为国家强盛不懈努力的精神更值得我们学习和发扬！

习总书记指出："青年兴则国家兴，青年强则国家强，青年一代有理想、有学识、有担当，国家就有前途，民族就有希望。"在这个美好的时代，我们年轻人要学习孙老的科学精神，紧紧跟上前辈的脚步，成为祖国建设的新一代奋斗者和实践者。

人物小传

孙钧：1926 年生，同济大学地下建筑与工程系名誉系主任、终身一级荣誉教授、博士生导师，岩土力学与工程、隧道与地下建筑工程领域国内外知名专家，中国科学院院士。主持并参与四十余处国家重大建设工程，在岩土材料工程流变学、地下结构黏弹塑性理论、岩土力学与工程中的应用等子学科领域有深厚学术造诣，在理论分析、实验测试和工程应用研究等方面做出了卓越贡献。荣获国家级奖励 4 项、部委（省、市）级奖励 17 项。

（撰稿人：方勐）

保铮：

上善若水，淡泊百年人生路

他是始终坚守在祖国国防科技前沿的战士，被誉为“中国雷达裁判长”。

中国第一台微波气象雷达，第一台埋地电力故障测寻仪，第一台数字动目标检测器……这些中国雷达领域的多项“第一”，都与主人公有着千丝万缕的联系。

他，就是我国著名电子学家、中国科学院院士、大连理工大学1949级校友保铮。

2017 年我有幸拜访到保铮院士。还记得，当我向保铮院士展示学校纪念品时，他一边欣赏着纪念品上的主楼图画，一边用手轻轻抚摸，感叹昔日母校的变迁，回忆起多年前的往事……

矢志报国，坚定不移跟党走

童年时的保铮是在战乱中度过的，在沦陷区的日子里，保铮萌发出强烈的爱国情感：帝国主义敢把战火烧向中国，就是因为中国科技落后，只有掌握了先进的科学技术，才能救国于危难之中。

1949 年，保铮抱着科学救国的热情考取了由中国共产党亲手创办的大连理工大学工学院。用保铮的话说，当时我同时考取了几所大学，最后选择了大连理工大学工学院，最主要的原因是家乡解放已半年多，党和政府使我看到了光明，看到了希望，相信在解放区建立的大学能学到更多的东西。

师恩难忘，勤学善思求真知

在大连理工大学工学院，保铮遇到了对他人生影响深远的恩师毕德显先生。毕先生对问题阐述深刻，待人亲切，积极参与学生讨论，善于启发学生思路，常常一句话就能让保铮受益匪浅。

毕先生教导学生要关注学科前沿，为此组建了信息论研讨班。他时常组织学生外出参观学习，想尽办法创造条件使学生多与外界接触。保铮在这些交流活动中，开阔了眼界，增长了知识，也从此与雷达结下了不解之缘。

艰苦奋斗，顶天立地铸辉煌

毕业后，保铮从事雷达领域科研与教育事业。在工作中，他逐渐形成顶天立地的理念。顶天，就是要走在国际学科发展的前沿；立地，就是要为国家建设真正发挥作用。

1973年，我国进口了五部航管雷达，但当时先进技术对我国禁运，雷达中数字信号处理部分被去除了。1974年末，为突破技术封锁，保铮带头成立一个八人科研小组进行技术攻关。当时，科研小组既要弥补高精尖知识上的欠缺，还要克服实验设备落后、仪器不精良等恶劣条件，但保铮身上有一股天生的执着和坚忍，为科研攻关他甚至搬到了实验室住，夜以继日地工作。

经过一年多的艰苦努力，样机于1976年研制成功。原本八人的科研小组迅速发展，先是扩充为研究室，进而又扩大为电子工程研究所，最终于1992年成立了国家重点实验室。

重点实验室在满足祖国重大需求的同时，又努力跻身于国际雷达领域的前沿，这是保铮顶天立地理念的体现，更是保铮这位新中国首届雷达毕业生交给祖国雷达事业的满意答卷。

保铮用辛勤和汗水创造了历史，以不断探索和求真务实铸就了辉煌，在专业领域秉承大连理工红色基因，为实现中华民族伟大复兴贡献着力量！

人物小传

保铮：1927年生，西安电子科技大学教授、博士生导师，电子学家，中国科学院院士。大连理工大学1949级校友，1984年至1992年任西安电子科技大学校长，现任雷达信号处理国家重点实验室学术委员会主任、信息产业部电子科技委员会顾问、解放军总装备部科技委员会顾问。长期从事雷达与信号处理方面的理论研究和工程实践，曾主持研制成功国内第一台微波气象雷达，被誉为“中国雷达之父”“中国雷达裁判长”，曾获全国科学大会奖。

（撰稿人：杨航）

闻邦椿：

志在千里，直挂云帆济沧海
诱掖后进，化作春泥更护花

他是我国从事“振动利用工程”研究的第一人，是首批获得国家有突出贡献的中青年专家之一。

他曾说：“我在有生之年，还要为实现远大理想继续进行不懈的努力，‘勤奋、刻苦、开拓、创新’，为我国的教育与科学技术事业的发展做出力所能及的更大的贡献。”

他，就是机械动力学和工程机械专家、力学教育家，中国科学院院士，东北大学教授闻邦椿。

如今90岁高龄的闻邦椿院士依然按时到办公室工作，每当看到他精神矍铄的身影，都会给人一种莫名的力量，吸引着我们去重温那段峥嵘岁月。

科研“骑士”，一寸丹心图报国

1987年，闻邦椿研制的惯性共振式概率筛获得了尤里卡世界发明博览会金奖，并被授予“骑士”勋章。他还在国际上首次提出“振动利用工程”新学科，并实现了八大创新，发展前景十分广阔。

闻邦椿常说：“要以国家的需要为目标。”1945年，闻邦椿积极响应政府号召，参加了解放军，从此便把个人前途与国家命运紧紧地联系在一起。1955年，作为东北工学院机械学院的一名研究生，他毅然选择了当时国家急需的“振动机械”作为自己的研究方向，并为之奋斗不息。

乘风破浪，直挂云帆济沧海

人生，并不是一条平坦的大道。在与疾病的抗争中，他坚定了献身科学、造福人类的决心和信心。“文革”中，面对政治上的压力，他正视现实与不足，为祖国的科学事业而奋斗的决心丝毫没有动摇。生活上，“牛皮纸立柜”见证了他的无所欲、无所求；尽管与家人两地分居，他也依然把全部心思放在事业上，不让思亲之苦影响自己。国际奖2项，国家奖5项，光华工程科技奖1项，省部级一、二等奖20余项，是对他数十年如一日的坚持的最好肯定。

功名与成就的背后，那些不为人知的艰辛与苦难，它们往往更加熠熠生辉，闪耀着令人肃然起敬的光芒。

诱掖后进，化作春泥更护花

七年时间，数易其稿，满满一麻袋的草稿纸成就了长达60万字的《振动机械的理论及应用》，为振动利用工程学科的建立奠定了坚实的基础；闻邦椿主编行业经典大型设计工具书《机械设计手册》系列，并获得了中国机械工业科学技术一等奖；截至目前，闻邦椿已经撰写80余部著作（包含教材）；完成科研任务数十项。

在从事教学与科研的六十年里，他心中装着的不仅是新学科的发展，更是国家的未来和希望。他不唯书，敢质疑，大力倡导创新，努力培养一支强大的学术研究梯队，累计培养硕士、博士及博士后236名，如今他们遍布全国各地。“事以微巧成，以疏拙败”，闻邦椿总结人生经验，陆续撰写《人生哲学与科学方法论》等二十余部方法论著作，同时他提出了以目标、内容、方法为核心的科学方法论体系规则；用不遗余力的讲授和谆谆教诲，感染着许多教育及科研工作者。

“耄耋之年未伏枥，壮心不已寄苍穹”。他以专业领域的高深造诣推动科技进步，以独创的科学方法论助力时代发展！

人物小传

闻邦椿：1930年生，东北大学教授、博士生导师，机械动力学和工程机械专家，中国科学院院士。现任国际转子动力学技术委员会委员、辽宁省创意产业协会名誉会长、中国振动工程学会名誉理事长，曾任国家多个重点实验室学术委员会主任等。创建了振动利用工程新学科，主编行业经典《机械设计手册》系列，先后完成百余项国家纵向和横向科研项目。曾获尤里卡世界发明博览会金奖、国家科技进步奖、中国振动利用工程学会终身成就奖、科学出版社著名作者奖、机械工业出版社最具影响力的作者奖等。

（撰稿人：张紫璇）

潘君骅：

高山景行，心系祖国

2019年4月，一颗国际编号为216331号的小行星获国际小行星中心和国际小行星命名委员会批准，以一位中国科学家的名字命名。

这位科学家一生默默奉献在光学领域，潜心研究、淡泊名利，他就是我国应用光学专家、中国工程院院士、苏州大学光电科学与工程学院研究员潘君骅。

第一次见到潘君骅院士是在学校举办的“我的一生”专题讲座上。89岁的潘老娓娓道来，向我们讲述了他在战乱年代的求学经历和饱尝艰辛的工作历程，深深地打动了每一位听众。

痴迷天文，从爱好向专业转变

潘君骅对科学研究的孜孜以求，始于他从小对天文的热爱。然而他少年时期的求学之旅却是在战乱中度过的。“七七”卢沟桥事变时，正值小学的他烧掉了自己的日本铅笔，随家人逃难，自此开启了频繁的转学生涯。1949年，潘君骅考取清华大学机械工程系，并加入学校的天文学会，开始了他的天文探索。当时的他很想拥有一台望远镜，可在那个年代注定是个奢望，于是他想到用父亲的老花眼镜和哥哥的近视眼镜凑出了一个低倍伽利略望远镜。毕业后，他进入中国科学院仪器馆工作，主动钻研并积累了更多与天文仪器相关的知识，逐渐成为一名专业研究者。

心系祖国，在光学领域默默耕耘

中华人民共和国成立初期，潘君骅凭借良好的俄文基础，被公派前往苏联科学院列宁格勒普尔科沃天文台攻读研究生。他在后来的自传中写道：“国外的那段日子，整个人就像海绵一样，尽可能地吸收知识养分，期盼着学成回国后为国家效力。”这个信念激励着他在留学期间愈发刻苦，努力学习更多天文光学仪器制造相关的技术。学成归国后，潘君骅始终在天文光学领域默默耕耘。为解决实际问题，他常常想办法设计制造仪器，并设计了很多光学检测系统。在他的实验室里，有很多设备都是根据实验要求自己设计出来的，全世界独一无二。

淡泊名利，凡事以国家需要为先

20 世纪七八十年代，正值国家重点攻关 2.16 米光学天文望远镜，潘君骅受命出任技术组组长。项目开展过程中出现过不少困难，大到望远镜场地，小到部件损坏，当时年近六十的他依旧坚持每天攀援 30 米的梯子调试仪器解决问题。在他看来，只要是国家需要的都应该尽责去做，不求回报，不计个人得失。这台当时全中国乃至亚洲最大的天文望远镜，荣获了国家科技进步一等奖、中科院科技进步一等奖。不过，最让潘君骅自豪与欣慰的是，这台望远镜至今仍排满了观测任务，“它天天都对准着浩瀚的星空。”

如今，89 岁的潘君骅依旧每天从家步行到曾任教的苏州大学上班，风雨无阻。正如这么多年来，他一步一个脚印地行走在天文光学领域，聚焦星空，步伐坚定。

人物小传

潘君骅：1930 年生，苏州大学光电科学与工程学院研究员，应用光学专家，中国工程院院士。曾任中国光学学会理事、中国天文学会常务理事、中国光学测试专业委员会主任等。曾主持完成并于 1989 年正式投入使用的我国乃至亚洲最大的 2.16 米光学天文望远镜获国家科技进步一等奖，折轴阶梯光栅分光仪获中科院科技进步二等奖。长期致力于非球面光学研究，发表科研论文数十篇，出版专著一部。2019 年 4 月，国际编号为 216331 号的小行星以其名字命名为“潘君骅星”。

（撰稿人：姚亦洁）

卢耀如：

立足岩溶地质，扎根祖国大地

自1950年进入清华大学地质系学习以来，他从事地质事业至今已有几十个春秋了，几乎和共和国的年龄一样长。其间，他从一个青年学生成长为岩溶领域的泰山北斗，为国家的重大工程建设呕心沥血，拳拳爱国心，殷殷报国志，给这段流金岁月打上了耀眼的印记。他，就是同济大学教授、中国工程院院士卢耀如，国内外岩溶（喀斯特）专家都亲切地称他为“喀斯特卢”。

立志求学，踏上地质路

卢耀如出生在“九一八”事变前夜，从小就目睹了日本侵华的种种罪恶。苦难的童年使他早早立下了自强之志：救民族于危亡，不能靠别人，只能自己找出路！抗战胜利，又逢内乱，物价飞涨，民不聊生，思想进步的卢耀如积极参加学生运动，与独裁统治作斗争。

为摘取“皇冠上的明珠”，青年卢耀如考进了清华大学，却因考前大病一场而与数学系失之交臂，被选入了地质系。正当他想转去数学系时，系主任袁复礼教授向他介绍了地质在国家建设中的重要性和当时地质人才紧缺的状况，希望他能带头留下。为了建设祖国，卢耀如放弃了自己心心念念的“哥德巴赫猜想”，坚定不移地踏上了地质之路。

舍身报国，投身国家建设

大学毕业后，卢耀如投身国家建设第一线，坚持在野外工作数十年。在新安江水库工地，白天四处勘探，晚上就在船里休息，为水库建设提供了精准的技术保障。三年困难时期，工作艰苦并且营养不良，他的身体出现了浮肿，连走路都十分困难。可是当病情稍微好转，他又赶赴云南、贵州开展调研。20 世纪 80 年代初，正在乌江渡库区考察的卢耀如接到家中老母亲去世的电报，他在招待所里哭了半天，但想到第二天还要发言，又强忍悲痛，抹掉眼泪，继续准备工作。他明白，国家命运就是个人使命，唯有舍身报国，国家才有力量，民族才有希望！

古稀之年，传递人间大爱

古稀之年，卢耀如作为院士调到大学工作，为国家悉心培养青年英才。他非常注重以身作则，在野外教学时，面对学生嫌脏、怕险的溶洞，他毫不犹豫地率先钻进那黑暗狭小的空间，有时甚至还要匍匐前进，为学生细致讲解地质特点。他求真务实的精神感染了青年后学，瘦弱的背影瞬间高大起来！2019年，卢耀如拿出毕生积蓄和筹措的360万元，在同济大学设立“卢耀如生态环境与地质工程激励基金”。69年前，他带着同事们捐赠的29.5元“巨款”北上求学；如今，他以此方式来回报当年的爱心，并将对国家、对事业、对后辈的大爱传递下去。

历史的接力棒传至我们手上，我们要牢记习总书记所说“在担当中历练，在尽责中成长”，学习卢耀如院士“爱国爱党，求真务实，自强不息”的精神，将论文写在祖国大地上！扎根大地不离土，成就栋梁参天木，用奋斗撰写新征程的伟大篇章！

人物小传

卢耀如：1931年生，同济大学教授、博士生导师，工程地质、水文地质与环境地质学家，中国工程院院士，中国地质科学院水文地质环境地质研究所研究员，贵州师范大学名誉校长等。长期从事岩溶地质的科研和工程实践，参与实践及指导了一系列水利水电、铁道、矿山及城镇工程的勘测研究，获全国科学大会奖、全国优秀科技图书二等奖、李四光地质科学荣誉奖等。发表论文百余篇，出版图书及图系多套，被国内外学者称赞为“喀斯特卢”。

（撰稿人：胡毓浩）

秦裕琨：

到祖国需要我的地方去

东北、西北、华北，他的毕业分配志愿，让他远离家乡上海的安逸生活，扎根气候严寒、条件艰苦的祖国东北；本是机械制造系毕业的他，却与锅炉打了一辈子交道，编写出中国锅炉专业第一本国家统编教材，设计制造出中国第一台自然循环热水锅炉；在花甲之际，聚焦国家重大需求再开科研新方向，科研成果为社会创造的仅直接经济效益就以亿元计。

他，就是中国工程院院士、全国师德标兵、哈尔滨工业大学教授秦裕琨。

虽已 86 岁高龄，秦裕琨老师仍乐于与青年学子互动。交流中，他提及最多的是国家和个人的关系：“没有国哪有家”“国家富强，我等幸福；国家有难，我亦受辱”……

没有国哪有家

1933 年出生的秦裕琨从小在上海法租界长大，切身感受到列强对中国的欺凌和国民党的腐败。1949 年上海解放后，物价的稳定和社会风气的好转，让他感到国家有希望了。

1953 年，从上海交通大学机械制造系本科毕业后，本可以留在上海的秦裕琨，满怀“工业强国”的报国之志，将三个分配志愿依次填写为东北、西北、华北——因为当时第一个五年计划刚刚开始，苏联援助中国的 156 个国家重点建设项目大多在这些地方，特别是东北地区共有 56 个，占全国三分之一还多。其实，秦裕琨这么做就源于一个信念：建设祖国。

国家的需要就是我的专业

1953 年 8 月，秦裕琨被分配到哈尔滨工业大学做师资研究生。他原本要学机械设计，然而上完一年俄语预科后，学校研究决定抽调他跟随新来的苏联专家学新成立的锅炉专业。“我没有专业，国家的需要就是我的专业。”秦裕琨毫不犹豫地选择了无条件服从。

1955 年春季学期，研究生在读的秦裕琨正式成为“小教师”。边学习、边讲课、边筹建新专业，这期间，秦裕琨几乎每天都是忙到凌晨才休息。没有正规教材，他“自力更生”投入巨大精力去撰写，经过一年多的努力，终于在1959年完成初稿，1963年正式出版，这是中国锅炉专业领域的第一本国家统编教材。

以解决国家需求为己任

在毕生的科研之路上，秦裕琨也始终以国家需要作为自己考量和选择的方向。

我国的能源供应以燃煤为主，每年煤炭消耗量大，但在高效燃烧、低污染、低负荷稳燃等方面效果曾经一直不理想，而煤炭燃烧这样的传统领域也一度被认为很难再有大的技术创新。不过，在秦裕琨看来，科研既要关注国际趋势和学术热点，更要着重解决中国自己的问题。当时已是花甲之际的他，果断将科研方向聚焦到火电厂的煤粉燃烧技术。艰苦攻关后，取得了技术突破，而且在成果推广初期的2001年前后，就为社会创造年均直接经济效益上亿元。

如今，已是耄耋之年的秦裕琨教授依然不忘初心。他说，只要还能干得动，就奋斗不止，为国家的强盛多做点儿事情。他的人生仿佛就如他所研究的“燃烧学”，不断燃烧，一刻不停地为祖国发光发热。

人物小传

秦裕琨：1933年生，哈尔滨工业大学教授、博士生导师，中国工程院院士，全国师德标兵，原哈尔滨工业大学副校长。主要从事流化床燃烧研究和煤粉燃烧研究，在我国首先提出热水锅炉可采用自然循环的方式并提出其水动力计算方法，研究开发了达到国际先进水平的系列风包粉浓淡煤粉燃烧器。获国家专利5项、发表论文150余篇，1963年编写的《蒸汽锅炉的燃料、燃烧理论及设备》是我国该专业领域的第一本教材，曾获国家技术发明二等奖、国家科技进步三等奖及多项省部级科技奖励。

（撰稿人：顾轩、杨蕾、刘云飞）

汤中立：

不负科学大进军，脚踏河西觅镍金

他怀着建设国家的崇高目标，从祁连山地质队走来，迎着西北大漠的风沙，踏着边陲之地的荒凉，始终如一地致力于我国矿产资源勘查和岩浆矿床的研究工作。

他满怀深情地说："我选择学地质，就是要为国家找矿，当工业的尖兵，有了资源，才能谈工业，国家才能发展，我觉得我活着的责任就在于此。"

他，就是"祖国镍都开拓者"，矿产勘查专家、矿床地质学家，中国工程院院士，长安大学地球科学与资源学院教授汤中立。

初见汤中立，是在他摆满书籍、文献的办公室。时年84岁的他，走起路来依然两脚生风，就像那《水浒传》里的神行太保戴宗。

斗风顶晒唯找矿，天做铺盖地当床

作为“矿物学新时代”的领军者，汤中立无愧于“土地公公”的美誉。1956年，他来到甘肃酒泉祁连山地质队，艰苦而辉煌的地质生涯就此开启。

河西走廊，大漠雄风，金戈铁马，他的神态就像亿万年被西风柳刀雕刻而成的红岩，他的两脚像线轮一样，丈量在数千里戈壁上，没有青山怡情，唯有丹霞励志。“每天晚上找到帐篷才有的住，有一次工作后没找到，冻了一晚上，”他这样回忆道。陪伴日月，拥抱风雨，他就是这样为工业而奋斗，为祖国而拼搏！

踏破铁鞋无觅处，橄榄仙石隐巨情

1965年，他发现了金川第二矿区深部隐伏富矿体，由此金川跃升为世界第三大铜镍矿，通过数十年对金川等矿床深入系统的研究，又提出了“深部熔离——一期或多期贯入成矿”及“小岩体成大矿”等岩浆成矿理论，并建立了“深部熔离—贯入”的组合成矿模式。该理论成果在国内外被广泛引用，使我国在岩浆硫化物矿床研究领域的科研水平跻身世界前列。

忆及初来金昌，戈壁茫茫，在众多矿物标本中，无论是见微知著，对“橄榄仙石”的存在有着一如马克思所说的“矿物学的感觉”，还是连夜奔忙，得到标本中镍含量的数据，抑或是身体力行，亲眼见证我国就此结束缺铂少镍的局面，汤中立眼中闪烁着的光亮，正是在讲述着当年，他和同事们面对困难，锲而不舍、为国找矿，不辞辛劳的热血与豪情。

训史明耻励弟子，治学献珍续汗青

2002 年，汤中立任教长安大学。其间，他先后带头做了十余个项目，出版了四部著作，至今仍在完善“小岩体成大矿”的理论专著，培养出的多名硕、博士在祖国的不同岗位上发光发热。面对这一项项令人赞叹不已的成就时，汤中立却淡然一笑：“算不上培养，大家互相渗透罢了。”直到现在，他仍然没有放下手中的工作，坚定地延续着地质事业引路人的使命。

“岩浆似汤含镍丰，隐身深部熔离中。君觅硕矿小岩体，立功河西富民生。”汤中立的名讳，氤氲着矢志不渝的钻研态度，不怕跌倒的拼搏精神，更是视民族复兴为己任的家国情怀！

人物小传

汤中立：1934 年生，长安大学教授、博士生导师，中国工程院院士。长期从事矿产勘查和岩浆矿床的研究工作，是中国镍矿工业和甘肃省金矿工业的开拓者之一。提出了“深部熔离—多次脉动式贯入—终端岩浆房聚集成矿”模式及“小岩体成大矿”的成矿理论，理论成果在国内外被广泛采用。先后出版学术专著7部、发表学术论文80余篇，被授予“祖国镍都开拓者”荣誉称号，荣获国家科技进步二等奖2项、省部级科技进步一等奖3项。

（撰稿人：彭雨帆、何堫、李隽永）

李佩成：

光阴的故事

他被誉为“一代水神”，提出“割离井法”理论，主持完装中国第一台大型水力积分仪，研发黄土辐射井，发明轻型井，组织编写我国第一本高等学校《地下水利用》统编教材，破解西安水荒，主持中国西北“山川秀美”科研项目……

他，就是中国工程院院士、长安大学教授李佩成。

1956年3月17日，李佩成站在鲜红的党旗下，庄严宣誓：我志愿加入中国共产党……六十多年来，他一直未曾忘记，自己在党旗下的誓言。

留学之路虽艰辛，报国之志愈强劲

李佩成留学苏联期间，中苏关系突然破裂。同行的人出于安全考虑，纷纷撤出苏联，但李佩成从没有想过放弃。他要继续坚守阵地，尽快掌握国外先进的理论与技术！

夕寐宵兴，李佩成争分夺秒，简直就是在跟时间赛跑。熄灯之后躺在床上，李佩成的思绪继续翻飞，各种公式、实验在脑海中耙犁。一旦有了灵感，他就立刻摸起枕边的笔，在床头写写画画。

暑假，实验室员工外出旅游，他自愿留下看管仪器。夜以继日，一次次地拆装、组合……机器里共有多少部件，组装要经过哪些步骤，他都了然于胸。回国后，历经五年，李佩成主持并成功完装我国第一台大型水力积分仪。

研发黄土辐射井，好男儿心系家乡

李佩成的家乡——陕西乾县，因干旱缺水，常被人戏称为“干县”。那是1972年，这一年，李佩成再次目睹了故乡大旱之年的悲凉。他下定决心在乾县打黄土辐射井，改变家乡缺水的局面。他亲自率领着团队，披星戴月，坚守工地。终于功夫不负有心人，三个月后，黄土辐射井成功出水。

随后黄土辐射井开始广泛推广，全国十多个省市干旱缺水的问题因此得以解决。1978 年，李佩成凭借黄土辐射井斩获全国科学大会奖。

春蚕到死丝方尽，蜡炬成灰泪始干

老骥伏枥，志在千里；烈士暮年，壮心不已。2003 年，李佩成当选中国工程院院士。迈入古稀之年的老院士，给自己定下了一份为期 10 年的目标。他希望自己的头脑再清醒 10 年，到 80 岁以前保持健康的身体，争取不糊涂，不虚度，清清楚楚跟党走，勤勤恳恳干 10 年，再向国家提出 10 条重要的咨询建议，再主持完成 3 个大的科研项目，再编著 5 本科学著作，再为国家培养 50 名研究生，再发表 30 篇论文。截至 2013 年，李佩成院士已经超额完成他的计划。春蚕到死丝方尽，蜡炬成灰泪始干。当国家需要他，他就会站出来。当人民需要他，他就会站出来。

2007 年暑假，刚从外地考察回来的李佩成突发心脏病。在手术后的第三天夜里，他打电话给女儿：要她第二天送饭时，一定要把书桌上还没看完的博士论文和资料带来，他需要抓紧处理完。病榻之上，刚做完手术的李院士，考虑的是学生，是工作，唯独没有想到自己。

光阴消瘦了他的面庞，却减不去他的伟大！李佩成院士用热血和汗水谱写着光阴的故事。

人物小传

李佩成：1934 年生，长安大学教授、博士生导师，中国工程院院士，西安市劳动模范。主持完装我国第一台大型水力积分仪，提出“割离井法”理论，研发黄土辐射井，发明轻型井，提出的西安市供水方案解决了西安水荒，主持中国西北再造山川秀美、“111”水文生态与水安全学科创新引智基地等科研项目。获国家科技进步一等奖、省部级以上奖励13项，著书18部，发表论文百余篇，培养硕、博士百余人。

（撰稿人：郭锦）

胡思得：
一生无悔入“核门”

他是我国著名核武器工程专家，先后参加或主持领导了多项核武器理论研究设计工作。在突破原子弹阶段、氢弹的研究设计和发展以及核试验的近区物理测试中做了大量组织领导工作。1993年获全国“五一劳动奖章”，1995年获“全国先进工作者”称号，并于同年当选中国工程院院士。

他，就是西南科技大学教授、博士生导师胡思得。

1958年夏天，刚刚大学毕业的胡思得响应祖国的号召，带着“初生牛犊不怕虎”的精神来到北京，义无反顾地投身到中华人民共和国核事业的建设当中。

毫无疑问，胡思得院士在中国核科学研究领域是一位令人敬仰的人物，但他身上却有种与生俱来的亲和力。已是耄耋之年的胡院士，回忆起曾经的科研经历依然激情满怀，滔滔不绝，也许正是这种发自内心对科研的热爱，才让他在过去几十年里迎难而上，为祖国的核事业鞠躬尽瘁。

心之所向，无问西东

20世纪50年代，中华人民共和国仍面临来自核大国的威胁，中央领导决定中国必须拥有自己的核武器。

1958年，大学毕业的胡思得被分配到刚成立的北京二机部，很久之后他才得知这里是搞核武器的。对他来说，那一刻，如同大海里迷途的航船突然看见了暗夜里的灯火，“核武器是国家非常需要的东西，国家愿意信任我们一群刚毕业的大学生，那时候就决定要为核事业奋斗终身了”。即使过了这么多年，回忆起当年那个瞬间，胡思得的语气里还是抑制不住的自豪。

在当时的环境下，中国核事业开展得很艰难。尤其是1959年中国和苏联关系恶化，原本给予援助的苏联专家被悉数撤走，临走还断言“中国再有二十年也搞不出原子弹”。那时对胡思得等人来说，原子弹的研究无异于摸着石头过河，加上中华人民共和国成立初期，物质生活十分清贫，科研环境更是异常艰苦。但大家发扬了艰苦奋斗的精神，在邓稼先的指导下，胡思得和小组同志并肩作战，经过一年多努力，完成了能够满足原子弹设计计算要求的基础性工作。后来遇上“三年困难时期”，很多人因为饥饿身体都浮肿了，但大家还是“轻伤不下火线”。胡思得回忆说：“当时党支部书记晚上十点，就到办公室把浮肿的同志赶回去休息。但大家都是在外面逛一圈，等书记走了，又都回来了。那时候没人有怨言，我们只有一个想法：要造出原子弹，给中国人争下这口气。”

正是有了这样的信念，这群年轻人从未在困难面前退缩过，经过不懈努力，1964 年中国第一颗原子弹成功引爆，1967 年第一颗氢弹也爆炸成功，这一消息令全世界都感到震惊，中国正式跻身世界拥有核武器国家之列。

为国铸剑，以身许国

“我愿意！”这是每一位核科学家面对祖国托付核事业任务时掷地有声的回答。简单的三个字背后，意味着艰苦的工作环境，隐姓埋名地生活，奉献无悔的青春……但那火红年代里的青年还是坚定地说出了这个答案。“一个人的生命都可以奉献给国家，其余的根本算不上什么。”胡思得感慨道。

作为中国第一代核武器工程专家，胡院士是中国核工业的亲历者、见证者、领导者，为我国核武器理论研究设计和发展做出了巨大贡献。深厚的学术造诣、卓越的科研能力也为他赢得了众多荣誉和功勋。1993 年获全国“五一劳动奖章”，1995 年获“全国先进工作者”称号并当选中国工程院院士……提起这些成就和荣誉，胡思得却不愿多谈，他强调每个成就都是集体的智慧，就像毛泽东说的那样，是“千千万万人共同完成的事业”。

“一个人就像大海里的一滴水，你这滴水若存在于大海中，即使遇到大风大浪，也可以参与其中，但若是在沙滩上，离开了大海，离开了集体，太阳一晒你就蒸发了。”他这么形容个人与集体的关系。这一代人，从科学家到管理者到技术工人，都自始至终怀着满腔热忱，践行着报效祖国的誓言。

后生可待，薪火相传

“‘两弹一星’精神是每位科学家都必须具备的。”胡思得叮嘱道。一代又一代的核科学家秉持着“两弹一星”精神，前赴后继，为祖国国防事业奉献一生。谈起对自己影响最大的人，胡思得第一个想到的就是邓稼先，这位手把手教他如何去图书馆借书、查文献，领着他进入科学殿堂的大师。“他得直肠癌住院时，哪怕只能坐在汽车轮胎上冒着虚汗修改建议书，也想抓紧人生最后的时间为祖国再多做一些贡献。”邓稼先用言传身教的方式深深影响了胡思得，这不仅体现在严谨的科研方法上，更体现在这种对国家、对事业的无限热爱上。

如今，胡思得接过了“两弹一星”精神传承的接力棒。每年新生开学，胡思得都会来到西南科技大学国防科技学院给学生们做理想信念教育专题讲座，他还特别关注青年教师们的成长，常常以自身的经历勉励广大青年教师要不忘初心，牢记使命，为国防军工人才培养事业做出贡献。谈及他坚持的原因，他说：“就是为了传承，我想把这种精神给年轻人说一说，这也是一种责任。”尽管已经是八十多岁高龄，他心中仍牵挂着中国核事业的新生力量。

六十载岁月如歌，胡思得院士甘付年华，将自己的一生奉献给了核武器研制事业，奉献给了祖国，但他说：“一切都是祖国需要，我无怨无悔。”

人物小传

胡思得：1936 年生，中国工程院院士，中国工程物理研究院研究员，核武器工程专家，西南科技大学特聘教授。先后参加或主持领导了多项核武器研究设计工作。在突破原子弹研究设计阶段、氢弹的研究设计和发展以及核试验的近区物理测试中做了大量组织领导工作，创造性地解决了一系列关键技术问题，为我国核武器的研究设计和发展作出了重要贡献。作为众多工作的主要完成者之一，获国家科技进步奖特等奖 1 项、一等奖 3 项、二等奖 1 项。

（撰稿人：王雅欣、王雪力）

魏可镁：

绯红黎明，不断喷薄

他敢为人先，在百废待兴的新中国探索“净化产业”之山林；他筚路蓝缕，推动福州大学化学学科成为ESI全球排名前1‰的学科；他勤勉笃行，将“勇于拼搏的奋斗精神”熔铸成文化精神血液。

他，一路与祖国化工事业风雨同行，历尽磨难却矢志弥坚，让生命为祖国澎湃。

他，就是原福州大学校长、中国工程院院士魏可镁。

清晨，黎明划破黑夜，绯红天空孕育着希望与美好。曙光中，一位精神矍铄的老人徐徐走来，他就是魏可镁院士。魏可镁出生于1939年，见证了中国从枪林弹雨的激战到民族独立的崛起，从改革开放的春潮到伟大复兴的中国梦。而他，作为万千中华儿女中的一员，用尽一生化作绯红的黎明，在平凡的生活中成就不平凡的广阔。

赤子丹心，鸿鹄之才铸就民族脊梁

20世纪60年代，国家化工基础薄弱，人才紧缺，为了替国家培养化学人才，魏可镁毕业后毅然选择留校从事化学研究与教学。穿梭于三尺讲台和实验室，他带领团队研发出十二个化肥催化剂并实现产业化，其中五个催化剂获得国家级奖励，多项成果获得省部级奖励。1987年，魏可镁为打开国际化学视野赴日访学，在此行专利申请中，他坚持不将署名归为日方，因为在他的心中，他此生的专利只属于中国，而最终专利证书上“中国福州大学魏可镁”九个字更见证了他对祖国的赤诚之心。

鞠躬尽瘁，毕生心血填补产业空白

1984年，改革开放以后，魏可镁不仅看重化工研究的经济效益，更注重化工环保事业的发展。为了攻克技术难题，魏可镁的身体饱受剧毒物质和漫天粉尘的摧残，可哪怕几番病倒，他依旧不改初心孜孜以求。他，脚踏着岁月的无情和疾病的疼痛，却一直胸怀着坚定的信仰与对事业的承诺。“这个项目能造福人类，一定要做起来。”一句坚定的话语，折射的是一种崇高精神。在这种精神的引领下，魏可镁带领团队自主研发出达到欧Ⅴ排放标准的 FD 型汽车尾气催化净化器，为我国净化器产业的国产化打下坚实基础。哪怕只是一朵小小的浪花，也要呼啸加入奉献者的洪流。就像魏可镁最常说的那样，“只要有一口气在，将奋斗不息，拼搏不止”。魏可镁的艰苦奋斗映射了一个时代大国工匠的群像，一个国家的事业也正是靠这么一代又一代的人传承下来的。

呕心沥血，终化桃李纷繁春风十里

自闭桃源称太古，欲载大木柱长天，种得桃李满天下，心唯大我育青禾。魏可镁总是不遗余力地提携后辈，他为学生推荐团队、寻找项目，并时常教导他们对国家要心怀感恩。这等学术等身的院士，耕耘几十载成为中流砥柱后，依旧保持初心而未被名利浸染，不正是对我们年轻一代最好的教育吗？

黎明代表的是希望、永恒，日升日落，昼夜更替，却生生不息。如今，魏可镁勇于拼搏的奉献精神已融入福州大学这片沃土，成为福州大学“三种精神”之一。这绯红的黎明仍在不断喷薄，它涌出的不仅是造福人类的催化剂，而是我们心底的希望，是远方的梦想，是我们脚下建设具有若干世界一流学科的东南强校之路！

人物小传

魏可镁：1939 年生，福州大学教授、博士生导师，中国工程院院士，原福州大学校长、化肥催化剂国家工程研究中心主任。主要从事化肥催化剂、汽车尾气催化剂和净化器的研发，带领团队完全自主研发出达到欧Ⅴ排放标准的FD型汽车尾气催化净化器，为我国净化器产业的国产化打下坚实基础。发表论文百余篇，申请专利19项，获国家技术发明奖3次、国家科技进步奖2次、省部级奖项2次，曾获全国“侨界十杰”、全国先进教育工作者、福建省杰出科技人员等荣誉称号。

（撰稿人：张雅婷）

王琦：

万里云天万里路，一重山水一重天

“我们愿与您共同度过生命中的风寒暑湿热 / 与您共同创造——阳虚的温暖，阴虚的水源 / 气虚的强壮，血瘀的通畅 / 痰湿的清爽，湿热的畅扬 / 气郁的豁达，特禀的阳光 / 平和的希望！”2011 年教师节，一群青年人送给王琦教授这样一首诗。诗里出现的“阳虚、阴虚、气虚”等名词术语，正是出自王琦教授创立的中医体质学。

他，从医五十六年来，在百姓健康福祉面前心无旁骛，为无数患者力起沉疴；在中医传承事业面前，从教四十一年来，毫无保留，培养了上百名博硕士、博士后和学术传承人。

他，就是中医体质学创始人、北京中医药大学终身教授、国医大师王琦。

第一次见到王琦，时年 76 岁的他，精神矍铄，目光炯炯。他感叹道：“风一更，雨一更，守着黄卷伴青灯”“如果每天晚上 7 点工作到 11 点，一年就可以多出 1460 个小时，那么每年就可以多工作 61 天。”

奔走呼告，坚定不移

1976 年，《黄帝内经》“阴阳二十五人”的描述吸引了年轻的王琦，他敏锐地意识到这里存在一个学术空白点——多年来，医学领域大多关注人的疾病，很少关注患病的“人”。他认为，研究“人”的问题才能把中医学的优势与潜能更大地发挥出来。于是，他下定主意以中医体质学说作为毕业论文，然而由于发前人所未发，一开始就受到了质疑。执拗的王琦不顾外界嘈杂的声音，依然坚持研究。

当初他带领团队奔走呼告，坚信“吾道不孤”，几十年过去了，这支坚信中医体质学必将造福全人类的队伍日益壮大，他们夜以继日调研寻访，走过万里难路，终于使中医体质学服务国民，走向世界。

大医精诚，心怀天下

“新疆来的一个小伙子求我加号，他说为了等我看病花了四天四夜。我心里很难受，眼泪就下来了，我们做医生的若不能给他看好病，那就对不起他。”这泪水里，折射着医者仁心发出的光亮。

大医精诚，济世济天下，王琦不断地去思考如何能够饶益更多人的健康。他想，将当代人群健康需求与中医体质学结合起来，这样就能帮助更多百姓少生病。2005年，王琦带领团队开发出中医体质量表，2013年，王琦团队的中医体质辨识与健康管理被纳入国家基本公共卫生服务项目《老年人中医药健康管理服务技术规范》。如今，王琦的中医体质量表被翻译成多种语言，使中医体质学的原创成果实现了国际共享，为不同国度、不同民族的健康做出贡献。

提及中医体质学的辉煌成绩，老先生慈祥的面容上泛起红润的光，露出一丝欣慰的微笑，补充道："这就是说，我们中医学能够在当今社会下的现代健康管理水平上做出新的科学评测，也体现了新时代中医走进世界文化与文明的大格局。"

赤子初心，无限风光在险峰

国医大师王琦，是中国医学走出国门的杰出代表，是治愈疑难怪病的杏林圣手。2016年，位于美国纽约的联合国总部会议中心，王琦代表中国中医界宣读了《2016长城宣言》，让世界倾听中医的声音。

大医精诚、赤子初心，正是王琦一生的写照。"每重山水的风光是不一样的""无限风光在险峰"，他这样教育青年中医学者，"把自己永远当作一个求学者，为了中医学能够利益苍生，埋首耕耘。"

人物小传

王琦：1943年生，北京中医药大学终身教授、博士生导师，国医大师，中国工程院院士，国际欧亚科学院院士，国家"973计划"首席科学家，中华中医药学会中医体质分会主任委员。建立中医体质学新学科，制定我国首部体质分类行业标准，创立的体质辨识法是首个纳入《国家基本公共卫生服务规范》的中医内容，制订的中医体质量表被译成八种语言实现国际共享。获国家科技进步二等奖、何梁何利基金科技进步奖、中华中医药学会终身成就奖、首都劳动奖章等奖励和众多荣誉称号。

（撰稿人：孙灵芝、徐煌钰）

敬业奉献

老模范篇

伊莎白·柯鲁克：

新中国英语教学拓荒者

她，已是过百岁老人，用自己的一生见证了百年来中国所走过的历程，和中国人民休戚与共、共同度过了中国最为惨烈的战争岁月。

她从传教士之女到中华人民共和国英语教学的拓荒者，扎根在中国，她比中国人还“中国”。她信仰共产主义并一生追随，是中国革命和建设的参与者与见证人。她，就是中国“十大功勋外教”“改革开放40周年最具影响力的外国专家”伊莎白·柯鲁克。

参加北京工商大学嘉华学院党委和关工委组织的“访长者学国际交流，做新思想国际传播者”活动，我见到了伊莎白奶奶，了解了她的世纪人生。

女人类学家：以自己特殊的方式向世界介绍中国

1915年，伊莎白出生在四川成都，小时候父母常带着她在四川山里游玩，接触到中国西部的少数民族人群，让伊莎白对人类学产生了兴趣。高中毕业后，伊莎白回到加拿大继续学业。1938年，抗日战争期间，伊莎白从多伦多大学儿童心理学硕士毕业，她选择回到中国。

伊莎白说：“我从小就经历过四川的军阀混战，还常常捡子弹壳玩，因此并不害怕战争。”为了解决百姓因日军截断中国的海盐供给路线、盐价暴涨之苦，伊莎白去了解当地农民的经济生活状况，于是社会人类学历史上第一部由西方女人类学家及中国合作者完成的社区调查《战时中国农村的风习、改造与抵拒：兴隆场1940—1941》由此诞生。此书细腻、翔实地记录了抗战大后方的大量日常生活细节，堪称社会人类学以及民国史、乡建运动史的必读之作。1947年，伊莎白和丈夫以国际观察员的身份来到河北省武安县十里店，观察和记录了中国共产党领导下的土改复查和整党运动的整个过程，完成了蜚声海内外的社会人类学名著《十里店：中国一个村庄的革命》。伊莎白以自己特殊的方式向世界，特别是向西方介绍了共产党领导下的中国革命。

新中国英语教学园地拓荒人：毕生献给新中国教育事业

1948 年夏天，伊莎白前往石家庄西部南海山村由叶剑英、王炳南领导的外事学校教授英语，这所学校就是北京外国语大学的前身。从此，伊莎白开始了在中华人民共和国英语教学园地几十年的开拓和耕耘，将一生中最美丽的时光献给了中国的革命和教育事业，成为新中国英语教学的拓荒人。

一生爱中国，关心中国下一代

伊莎白关心青年学生的学习和成长，受聘为北京工商大学嘉华学院关工委顾问后，不顾年事已高，多次参加学生活动。她鼓励学生胸怀祖国，放眼世界，与全世界的青年人共同打造人类命运共同体。

回望历史，伊莎白和中国的渊源甚至比许多中国人更“中国”，中国是她待得时间最长的地方，她爱中国爱了一生，爱了一个世纪。

人物小传

伊莎白·柯鲁克：1915 年生，加拿大人，国际共产主义战士、教育家、社会人类学家，中国工合国际委员会顾问、北京工商大学嘉华学院关工委顾问。1948 年开始在中央外事学校（今北京外国语大学）从事英语教学，帮助培养中华人民共和国第一批外交人才，被誉为中华人民共和国英语教学园地的拓荒人。2015 年，被授予中国人民抗日战争胜利 70 周年“纪念章”，2019 年 9 月 30 日，习近平总书记在人民大会堂为她亲自颁发中华人民共和国对外最高荣誉勋章——“友谊勋章”。

（撰稿人：孟靖朝、李雨轩、谢梦乔、刘欣、何树雨）

高铭暄：

大公至正，无愧一生坚忍

他是当代中国著名法学家和法学教育家，是中国刑法学专业第一位博士研究生导师。

当被询问自身能数十年始终如一热爱刑法事业的原因时，他铿锵有力地回答道："要把中国的刑法搞上去，跻身于世界民族之林。"

他，就是中华人民共和国刑法学的主要奠基者和开拓者，中国国际刑法研究开创者，北京师范大学刑事法律科学研究院名誉院长、博士生导师，中国人民大学法学院荣誉一级教授高铭暄。

如果不是亲眼所见，很难想象在长达两个半小时的讲述中，一位90多岁高龄须眉俱白的老人，还能如此精神矍铄，甚至连身前的茶水都没有端起来喝。而在他密密麻麻的笔记本上记录的，全是日常的行程规划和安排。

初入公法之门

受父亲影响，高铭暄读高中的时候便立志要学习法律。1947年，他进入浙江大学法律系学习，恩师李浩培作为以国际法著称的学者，讲述了他人生第一次刑法课程，无巧不成书，正是这次课程引领高铭暄走向了“以人民为中心，与人民同甘苦、同呼吸、同命运”的刑法大门。1951年，因浙大法学院停办而北上求学的高铭暄从北京大学毕业后进入中国人民大学的刑法教研室就读研究生，也就是这所校园将他逐步锻造成一个“工匠刑法人”。

二十五载时光换一纸芳华

“吾生也有涯，而知也无涯”。可能岁月真的会青睐努力的人，从1954年到1979年历经无数次的修改稿之后，在堆书成塔日复一日低眉念法的时光里，在中华人民共和国成立30周年之际，1979年7月1日下午4点，这个半生信仰法律的学者抬起自己坚实的手腕，记住了这个让他铭记一生的时刻——中华人民共和国第一部《刑法典》被全国人大表决通过。

“汤的味道越熬越浓，人的力量越熬越强”。一部《刑法典》的制定历经二十五年，已然耗去高铭暄人生的四分之一，可也将他熬成了唯一一位自始至终参与中华人民共和国《刑法典》创制的学者。从青年才俊变为两鬓添霜的知天命之人，不变的是追求公平正义的大道至理，心中一直徜徉着对社会主义法治事业的无限热忱。

老骥伏枥、鞠躬尽瘁

即使如今的高铭暄被世人冠为当代刑法学泰斗、著名法学家，而他最珍视、最喜欢的还是那三尺讲台。作为一名教书先生，他可以尽情挥洒泼墨，践行他天下为公的寄托。“我选择了教书育人，就矢志不渝。”他面带笑意地说。时至今日，高铭暄心中仍壮志满怀，他说：“只要我们的国家富强，有影响力，有吸引力，刑法学就会做大做强，不会矮人一截！”是啊，中国从古至今所办的刑事案件比国外任何一个国家都多，不用总是跟在别人后面亦步亦趋，刑法学应该成为一门显学！

“不懈怠，不后悔”，因为他坚信，那些历尽困境劫难仍初心不改的可爱的人们，在日后每一个起舞的日子里会更加生动和干净。

人物小传

高铭暄：1928 年生，北京师范大学刑事法律科学研究院名誉院长、博士生导师，中国人民大学法学院荣誉一级教授，法学家和法学教育家，中国刑法专业第一位博士生导师，中华人民共和国刑法学的主要奠基者和开拓者，中国国际刑法研究开创者。参与制定中华人民共和国第一部《刑法典》，为我国刑法学的人才培养和科学研究作出重大贡献。先后被评为国家有突出贡献的中青年专家、全国优秀教师、全国师德先进个人，获得国际社会防卫学会颁发的“切萨雷·贝卡利亚”大奖。2019年9月，被授予“人民教育家”荣誉称号。

（撰稿人：黄侃）

蒋建平：

立德树人的典范

他创建了中国第一个泡桐试验林基地和规模最大的泡桐基因库，率先提出了符合中国国情的泡桐发展战略；他是中国泡桐属人工杂交育种研究、农桐间作结构模式的开创者。

半个世纪与泡桐结缘，成就斐然，可他却总说："一个人的能力是有限的，而集体的力量是巨大的，只有将自己放在集体中，才能很好地实现他的价值，工作是大家干的，荣誉应该归于大家。"

他，就是中国森林培育学家、林业教育家、泡桐专家，原河南农业大学校长蒋建平。

年过九旬的蒋建平，神采奕奕，眼神中透出一种执着和坚定。谈到过往岁月，提及泡桐，他动情的回忆仍像青年一样，激情四溢。

咬定青山不放松，立根原在破岩中

1949 年，伴随着中华人民共和国成立的隆隆礼炮声，江西小伙子蒋建平开始了向往的大学生活。1953 年，刚到河南农学院（现河南农业大学）任教的蒋建平第一次带领学生前往兰考县考察实习，他所见到的黄河故道，漫天风沙，庄稼偃伏，满目苍凉。然而他却发现有泡桐作屏障的地方，小麦长得很好，房屋也安然无恙。这样强烈的对比，使他感受到小小泡桐的巨大威力。他立誓扎根河南，将泡桐研究视为自己的事业追求。从此，他再也没有离开过河南，没有离开过泡桐，正如他说的，“这是初心，也是梦，这是决定我命运的关键一步。”

繁霜尽是心头血，洒向千峰秋叶丹

在豫东兰考的漫漫沙海中，蒋建平开始了他长达一生的泡桐研究和推广。他带领“河南省泡桐良种选育与速生丰产栽培研究”协作攻关项目研究人员，在全国 22 个省、市、自治区对泡桐属种质资源进行调查研究，在河南省多地建成了我国规模最大的泡桐基因库。十年的坚持，他将禹县泡桐试验林扩至 80 余公顷，吸引了 55 个国家的 250 余名林业专家参观，受到国内外专家的一致好评。

在随后多年的泡桐研究中，他不忘初心，牢记使命，主要研究成果荣获了国家发明奖和科技进步奖。中国工程院院士沈国舫曾这样评价说：“我一向对他在泡桐研究方面的卓越成绩是很钦佩的，他的这些研究成果堪称单个重要树种森林培育研究的范例，其产生的效益和影响，就是在国际上也是少有的。”

落红不是无情物，化作春泥更护花

在半个世纪的教师生涯中，他通过言传身教和严谨的治学态度影响着学生。1998 年，蒋建平把河南省人民政府授予他“河南省科技功臣”时获得的五万元奖金全部捐献出来，作为启动资金设立了“蒋建平奖学金”，截至目前已经有 10 届 101 名学生获此殊荣。

如今，退休后的蒋建平仍心系学生，常会到学校和年轻学生们交谈，殷切希望他们成长为祖国建设的栋梁之才。他总是强调一句话：“我是中华人民共和国成立后成长起来的知识分子，很幸运，一直见证着我们伟大的祖国，在伟大的共产党领导下进行社会主义建设取得的伟大胜利。”

十年树木，百年树人。泡桐是中原大地的绿色希望，人才是社会发展最宝贵的资源，当他第一次选择了泡桐研究和教书育人事业，这片土地便生机无限，更加蓬勃旺盛。

人物小传

蒋建平：1928 年生，河南农业大学教授，森林培育学家、林业教育家、泡桐专家。曾任河南农业大学校长、党委书记。长期从事造林学教学与泡桐研究，领导创建了中国第一个泡桐试验林基地和规模最大的泡桐基因库，首次开展泡桐属人工杂交育种和杂种优势利用的研究，最早提出农桐间作群体结构新概念和类型划分，出版《泡桐栽培学》等专著。荣获国家科技进步三等奖、国家发明三等奖等奖励，获得全国教育系统劳动模范、全国优秀科技工作者、全国绿化奖章、河南省科技功臣等荣誉。

（撰稿人：张玉坤、张保磊）

徐嘉炜：

“郯庐之父”风雨探索的一生

六十多年前，一名二十多岁的青年人，用简易科考设备，首次发现了形成于两亿年前，长达5 000余千米，贯穿我国南北的郯庐断裂系，并用一生的时间致力于断裂系的研究和探索，为我国防震减灾、资源勘探、工程建设等领域打牢了地质学基础。

他，就是被誉为“郯庐之父”的合肥工业大学资源与环境工程学院教授徐嘉炜。

初见徐老，望九之年的老人依然满怀着对祖国地质学科的热情。他说：“我热爱地质学，地质学是世界上最好的专业。为国家、为社会作贡献非常有意思。”

历尽坎坷，矢志科学报国

1956 年，在合肥工业大学任教两年后，徐嘉炜参与了淮河煤区地质研究，拉皮尺测量了数百千米的地层剖面。他在两年的科研工作中，发现了一条自山东经江苏到安徽的大断裂，这就是日后名震世界的“郯庐断裂系”。

1957 年，徐嘉炜完成了论文《皖苏鲁北北向东深断裂带》，但在发表时却屡屡受挫。由于断裂系最大位移超过了位移 700 余千米的美国“安德烈斯断裂系”，这一发现在当时备受质疑。

挫折并未阻挡探索的脚步。1964 年，他在《华东地质》上发表的相关论文中首次提出断裂系水平移动的理论，修正了以往对于深断裂的认知。

发出中国地质学科的国际强音

1980 年，徐嘉炜的“郯庐大平移”方案在第 26 届国际地质大会上首次被提出，引发全球地质界巨大反响。1987 年，国际著名刊物《构造物理学》以 36 页特大篇幅，全文刊登了他的成果，并给予高度评价。1993

年，他克服了诸多困难，完成了英文著作《郯庐平移断裂系统》。

1996年，徐嘉炜出席北京第三十届国际地质大会，主持“郯庐”专题报告会，同年退休。风雨四十余载，他围绕“郯庐断裂系”完成专著与编著4部，发表论文近百篇。在他的带领下，半个多世纪来围绕“郯庐断裂系”取得的成果，不仅对预测地震发育规律以及时空走向具有重要意义，更在资源勘探、工程建设等领域发挥了基础作用。在这些成果的启发下，苏北东海地区磷矿等一大批矿产资源相继被勘探发现。中国科学院院士叶大年说，徐嘉炜的“郯庐断裂系”将永远记录在地质学史中。

矢志为国家培养一流地质人才

徐嘉炜一生热爱地质学，始终没有忘记少年时立志科学报国的初心。

尽管条件艰苦，但他一直身体力行教育学生“探求真理为祖国和人类做出实实在在的贡献”。任教以来，他教授过本、硕、博学生数千名，是地质界培养学生最多的教师之一，获得过“全国优秀教师”称号。

而徐嘉炜的学生，则继承了导师吃苦耐劳、严谨治学的精神，在知名高校、科研院所、重点企业成为骨干力量，用真才实学报效祖国。

用生命诠释“探索”，用“奋斗”科学报国，这正是徐嘉炜的真实写照。

人物小传

徐嘉炜：1931年生，合肥工业大学教授，地质学专家。“郯庐断裂系”的主要发现者之一，曾主持第三十届国际地质大会“郯庐”专题报告会，对“郯庐”等地质问题展开探索研究四十余年，在“郯庐断裂系”研究领域完成专（编）著4部，发表论文近百篇，被誉为“郯庐之父”。获机械工业部科技进步一等奖等奖励和全国优秀教师等荣誉称号，2015年被中国科协收录《中国科学技术专家传略》。

（撰稿人：周柯宇、高腾飞、吴欣悦、穆智慧、廖舟、刘馨怡）

岑楚兰：

西语专业，在我眼中成长

岑楚兰老师，北京外国语大学教授，中华人民共和国第一代西班牙语教师，2017 年西班牙伊莎贝尔“十字勋章”获得者。在五十多年的从教生涯中，培养出许多大使、外交官，以及优秀的文化传播者。她所见证的，不仅是我国西班牙语教学事业从无到有，再到兴盛的点点滴滴，更有国家一步一步成长到如今的历程。

86岁高龄，齐肩的短发已然花白，眼神仍然矍铄、坚定而有力量。在岑老师的身上，我看到的不仅是过去，西班牙语专业在中国一点一点成长起来的艰难行程；更是未来，是我们这代西语人肩上的责任和使命。

拼搏奋斗，不负国家使命

1952年10月，亚太和平会议在北京召开，数百名与会代表中，不少来自西语国家。但是在会议准备阶段，却找不到一名可以接待西语代表的外交官。于是中央决定，组织西班牙语突击培训班，为会议做准备。

此时正在外国语学校（现北京外国语大学）学习法语的岑楚兰接到通知，同其他十位同学，一起参加了突击培训。时间紧，任务重，没有专业的老师，也没有像样的教材，西语学习面临着很大的困难。在这样的艰苦环境下，岑楚兰与同学们和时间赛跑，还彼此鼓劲说："抗美援朝的战士们抛头颅洒热血，我们在这里挥汗奋斗又何妨。"最终凭借着不懈的拼搏干劲，圆满地完成了国家的任务。

会议筹备时，总理便指示筹建西班牙语系，岑楚兰同另两位老师一起自学研究西班牙语。当时仅有的两本教材，也是从苏联几经辗转得来的。发音、时态等这些放在现在很基础的问题，在当时匮乏的教学资源下，都给他们造成了很大的困扰。后来得到了几位国外和平人士的帮助，西班牙语教学事业才逐步前进。

桃李满园，为国家培养人才

1953年，中华人民共和国第一个西班牙语系在北京外国语大学诞生了。岑楚兰走上讲台，开始了自己的教师生涯，这一做，便是一个甲子的春秋。

为了填补中国西语教学的空白，岑楚兰常常备课到深夜。支持岑楚兰付出这般努力的，正是为国家图发展的“拼搏的精神”。凭借这种精神，岑楚兰在1959年和三位西语教师一同获得全国“三八红旗手”的荣誉。

岑楚兰爱自己的学生，她熟悉着每一届学生的个人发展，哪一位学生去了哪里做了大使，哪一位学生给毛主席做过翻译，她都清楚地记着。她曾骄傲地说，她的学生中，“有‘40多位大使、40多位西语教授、5位副部长，还有1位部长’”。

岑楚兰见证着北外西语从起初的“一个老师，两本书，三个学生”，一步一步成长为西葡语学院；也见证着中华人民共和国西班牙语教学事业从零到有，再到兴盛的足迹。星星之火可以燎原，岑楚兰用她对祖国建设的一腔热血，对教育事业的深深热爱，不慕名利，孜孜不倦地培养了一代又一代西语人才，把世界介绍给中国，把中国介绍给世界！

人物小传

岑楚兰：1933年生，北京外国语大学教授。1952年参加工作，曾任北京外国语大学西班牙语系副主任，曾获得北京市教育先进工作者和全国“五一劳动奖章”，2017年被西班牙政府授予伊莎贝尔“十字勋章”，以表彰其对西班牙与世界各国的友谊和合作做出的杰出贡献。

（撰稿人：姚熠辉）

秦荣：

人的一生全靠奋斗，唯有奋斗才能成功

2019年，是秦荣来到广西的第六十一个年头。他的大半辈子，都奉献给了离他家乡湖南永州600千米远的广西。他83岁高龄，却刚退休六年，而在国内任意一个土木和力学领域的学术会议上，总会有专家向广西大学的参会学者主动问起他的近况。

秦荣曾被载入美国出版的《世界名人录》，被美国传记中心评为21世纪伟大人物。他已在国内外公开发表228篇高水平论文、出版17部高水平专著。他在样条函数方法的研究和应用方面成就卓著，从1978年以来创立了样条有限点法、样条加权残数法、样条边界元法、样条子域法、QR法、样条无网格法，以及大型复杂结构双重非线性分析的新理论新方法，开辟了结构力学的新领域，为广西自治区和国家的土木工程领域做出了突出贡献。

建设边疆，结缘西大

1958年，秦荣毕业于华南理工大学土木工程系。同年，广西壮族自治区成立，建设发展需要很多青年人才。“我要去建设祖国边疆！”那年，他22岁。

“没有党，我哪能上大学啊！”秦荣自愿报名并服从分配来到了广西，“只要党需要，我们就去。”其实，他有更好的选择：他可以报名去发展得更好的东部地区，也可以回到家乡。但年轻气盛、胸怀抱负且敬党爱国的他做出了人生中最重要的抉择：“东部和北京那些大城市已经有很多人去建设了，而西部边疆地区还很缺人，我要到西部去，到广西去。”

他是这样想的，也是这样做的。秦荣没想过自己具体要做些什么，只知道贫困西部需要人来建设。他早已做好面对一切困难的心理准备。秦荣和他的同学一行二十多人来到广西，大家被分配到广西各地，而秦荣和其中一个同学则被分配到广西大学。

在艰难中坚持，在诱惑中坚守

那时，广西大学（以下简称“西大”）在原越南育才学校的旧址上重建。没有高大巍峨的教学楼，只有低矮破旧的小红楼；没有合适的桌椅板凳，就把原来的桌椅“修修补补”凑合用；没有实验器材、实验室建筑材料，就去创造、去“化缘”——去北京寻求支援。秦荣的宿舍，也是他和同事的办公室；每个月拿着几十块钱的工资，当时正逢国家三年困难时期，粮食短缺吃不饱饭，饿了只能喝水充饥。

“要给学生一杯水，我就需要准备一缸水。”秦荣这样形容当年的自己。刚刚大学毕业的他没有教学经验，西大也没有能给予他们指导的老教授，一切都只能靠自己摸索、探寻，到北京、上海的高校继续深造。

作为学者，他没有因为简陋的科研环境而放弃科研追求。“没有实验室，那我就先搞理论研究！”回想过去，秦荣教授眼中散发着坚定的光芒，铿锵有力的话语中掩不住激动的情绪。那时候，学校实验室不全，设备太少，而需求太多，有些人等实验室建成才搞科研，耽误了不少时间。

在如此艰难的环境下，面对美国某大学的邀请，甚至开出可全家移民、拥有比国内更好的待遇、科研条件时，秦荣毅然决然拒绝了；当国内一流高校伸出橄榄枝时，他也谢绝了，他说西大更需要他，他离不开西大！

奋斗是信念，振兴中华是动力

“人的一生全靠奋斗，唯有奋斗才能成功。”这是秦荣的座右铭。他时常把“奋斗”挂在嘴边：“一个人的成功，百分之九十五都取决于努力奋斗，如果只有天分而不奋斗，也是没有意义的。”

他说，他是从农村走出来的，如果没有中国共产党，他不会有上学的机会。他现在是一名共产党员，要尽个人最大努力振兴中华。“国家富强了，人民才会有幸福生活。”“奋斗”是他的信念，“振兴中华”是他的奋斗动力。

正是因为秦荣他们那一代西大重建者的付出，才有了今天西大的瞩目辉煌。“现在学校里实验楼好多了，实验室规模大，实验设备先进，科研团队越来越壮大，科研项目越来越丰富，获国家科研奖项也越来越多！”

看着现今的西大，秦荣感到无比欣慰。对于现在的年轻一代，他怀着殷切期望。“要有奋斗的动力，要知道自己是为什么而学习，要为了建设社会主义、振兴中华、国家富强而学习！”他一字一句话语铿锵，恳切的语气中充满力量，“要做到这些，就要努力学习、努力奋斗、努力创新！”

我才83岁，还能接着奋斗

2017年，西大的土木工程学科获批成为国家建设世界一流学科。世界一流学科得来不易，保住更不易。他放不下土木学院的发展，时常关注着实验室的科研情况，想着自己再尽力给西大土木增加科研成果。

做学术科研的秦荣一刻都没有懈怠过，即使处于耄耋之年，他也始终如一地坚持工作。自2013年末退休后，他已经出版了4本专著，如今83岁的他还在继续努力。在他的生活中，每一天都是工作日，没有过年过节，没有退休放假。

书房里堆满了书，书桌上是摊开的笔记、书本和随意放置的笔。这里是秦荣每天待的时间最长的地方。他在家里从来没有在晚上12点前关灯休息。每天在夫人提醒下，他才会离开书房去洗漱休息。“一直以来都是这样的，我们习惯了每天凌晨1点左右才睡觉。”在秦荣夫人眼中，沉溺于学术的他永远都那么充满干劲：“他总说着要再写一点，为西大土木再拼一点。”

秦荣和与他一起成长起来的那个年代的人们一样，见证了中华人民共和国的成立，走过国家每一个特殊时期，也见证过社会改革，经历过艰难，也拥有过美好。没有人比他们更希望看到国家变好变强，也没有人比他们更能了解中国。

读懂中国，就要读懂为今天的我们付出一切的他们。

人物小传

秦荣：1936年生，广西大学教授、博士生导师，力学专家、土木工程专家，享受国务院政府特殊津贴。历任中国力学学会理事，中国核学会计算物理学会理事，《工程力学》杂志副主编，广西大学国家重点学科结构工程带头人。长期致力研究数学、力学及工程科学，创立了数学、力学及工程科学的新理论新方法。获全国优秀成果一等奖1项、省部级科技进步二等奖7项。被评为国家有突出贡献中青年专家、八桂名师，获全国“五一劳动奖章”。

（撰稿人：黄新婷）

陆承吉：

铮铮铁骨水利人，一腔热血献青春

他是大学毕业就投身“三线建设”的水利开拓者，他是在鲁布革创造“鲁布革冲击”的水利奋斗者，他是在小浪底筑就“世纪工程”的水利奉献者。

从默默无闻的绿水河边陲小镇，到举世瞩目的首个国际招标水电站鲁布革，再到小浪底国家大型水利枢纽……他把青春盛开在水利建设的多彩天地里，把汗水挥洒在江河湖海的磅礴汪洋中。

他，就是河海大学兼职教授、教授级高级工程师陆承吉。

1968 年，刚刚从华东水利学院毕业的陆承吉响应国家号召，义无反顾地奔赴边陲，在人迹罕至的荒地，跋山涉水、挥镐抡锤，用青春和汗水构筑起一个个水电传奇。

青春之歌，绿水河甘洒热血写春秋

辗转火车、汽车，经过五天星夜兼程，初到绿水河的陆承吉住草棚、睡板床、吃枯菜，依靠斗车、三角钯、撮箕等简单工具，用风钻钻岩石，用三角钯装满箩筐出渣，满腔热情投身于绿水河水电站的建设。他心怀使命，把生命置之度外，他的半截食指永远留在了绿水河，有一次他还差点被埋在落石里。

从绿水河开始，他辗转一个又一个水电站，钻孔、放炮、开山、建坝、打洞，毫无怨言地奋斗在第一线，三十多个春秋里，少年成暮年，青丝成白发。

智慧之光，鲁布革攻坚破壁斩荆棘

1981 年，国家重点工程鲁布革水电站项目工程上马，它是中华人民共和国第一座引进世界银行贷款并实行国际招标的水电工程，是中华人民共和国水电建设国际化的标志性工程。

具有丰富实践经验的陆承吉成为“救火队长”，哪里有困难了就找他，哪里卡壳了就喊他。那几年里，他没休过一个节假日，把所有工作岗位都干了一遍。在这期间，他和妻子还遗憾地失去了第一个孩子。

鲁布革水电站的成功经验受到国家高度肯定，从此，在工程建设领域，项目法人负责制、招标投标制、建设监理制等工程管理制度开始全面推广。

黄河之子，小浪底不屈不挠展宏图

1991 年，治理黄河的关键工程小浪底水利枢纽工程上马。工程建设初期，外国承包商借口前期支护不良、隧洞塌方而提出高额索赔并要推迟一年工期，工程建设面临着严峻的考验。

陆承吉率先以十四局名义向水利部和业主单位提交请战书并立下军令状，和三家工程局组成“OTFF”联营体，兼任董事长，亲临一线指挥“作战”，最终清除各种困难，有理有节地和外方合作，确保了工程的顺利进行。

陆承吉还开展了索赔和反索赔的艰巨斗争，使得外方的“高额索赔”国际仲裁最终均以我方主导方式，友好谈判和平解决，维护了国家利益。

“乘辇山行乘橇泥，祖述神禹绩”。陆承吉用他的铮铮铁骨践行着水利人的使命与担当，用他的一腔热血表达着对祖国的热爱与忠诚。他的一生，是属于水利的一生，是见证中华人民共和国水利事业伟大成就的一生！

人物小传

陆承吉：1945 年生，河海大学水利水电工程专业毕业，教授级高级工程师，享受国务院政府特殊津贴。曾任水利部副总工程师，参与组织和指挥了鲁布革、小浪底等十多座国内大型水电站的建设，其中鲁布革、小浪底等三个项目获得“建筑工程鲁班奖”。开创了友好处理国际合同纠纷的先例，为国家节省建设经费34亿元。多次参与国际援助工程和对外承包工程，为中国水电走向国际做出积极贡献。曾获全国“五一劳动奖章”、喀麦隆共和国“一级骑士勋章”等。

（撰稿人：吴亚萍）

吴信才：

不畏雄关漫道，终就信息之光

中华民族的伟大复兴离不开信息化的强大助力。而他，就是中华人民共和国地理信息产业信息化道路上的先行者。

科技创新之路的艰辛让他变得更加坚忍。他曾说："路都是人走出来的，天上不会掉馅饼。遇难关，不要怕，保持乐观和努力，无论成功与否，心在志存。"

他，就是我国 GIS 行业的引领者，首批长江学者、原中国地质大学（武汉）信息工程学院院长、国家地理信息系统工程技术研究中心首席科学家吴信才。

初夏的一天，我们见到了精神矍铄的吴老。他的娓娓道来，让我们重温了祖国地理信息产业的崛起之路。

学为我用，呕心沥血，开创国内先河

20 世纪 80 年代的中国，制作地图完全依靠手工。为改变这一局面，1986 年，吴信才着手对国外盛行的小型机技术进行研究，并作为当时的年轻科研骨干赴日本考察学习。归国后，他不惧极其匮乏的技术与设备限制，开始了夜以继日的科研攻关。1989 年，凝聚着其心血的 MapCAD 计算机彩色地图编辑出版系统成功问世。

该系统的诞生，使地学图件出版周期由一年缩短为三至四个月，迈出了计算机成图关键性一步，中国传统手工制图时代一去不返，我国计算机制图的新纪元由此开创！

攻坚克难，自主创新，带领产业崛起

时至 20 世纪 90 年代初，国外 GIS 软件占领中国市场。面对这一现实，吴信才怀着强烈的民族自尊心和历史责任感，带领科研团队继续奋战，他始终坚信只有自主创新才能突出重围。1995 年，具有我国完全自主知识产权的超大型地理信息系统 MapGIS 诞生了。该平台以及它的后续版本自诞生以来便一直服务于国计民生，在自然资源等领域形成了一系列行业特色应用和解决方案，并为我国的神舟系列飞船、嫦娥探月工程保驾护航，助力中华民族实现飞天梦，其自主核心技术始终位于国际一流行列。

老骥伏枥，志在千里。吴信才一直坚持与研究人员探讨技术难题，不断夯实国产 GIS 软件平台和行业应用基础，铸造守卫国家信息的安全屏障，努力探索国产 GIS 软件自主创新之路！

矢志奉献，初心不改，培育桃李满园

不忘初心，立己达人。吴信才语重心长地说道："我们努力创造的成果应当传承下去，我愿为新一代青年创造更好的环境。未来，应由他们去创造。"为了中国的地理信息产业能够持续开花结果，他向教育部所属重点高校无偿捐赠 MapGIS 软件，并牵头建立产学研基地，指导硕士、博士开展实践研究，推进实施国家"653 工程"。通过一系列举措，他为国家累计培养了 GIS 应用人才五千余人，为我国 GIS 科学研究与人才培养工作做出重要贡献。

一生只做一件事。从一名教师到学院院长，再到国家地理信息系统工程技术研究中心首席科学家，吴信才一直致力于我国 GIS 科学领域的创新和发展。他坚定不移地践行着作为一名教师的育人担当和作为一位企业家的社会担当。他的拼搏创新精神影响着身边每一个年轻人：奋起直追敢为人先，自主创新永无止境！他坚信，我国 GIS 技术终将会屹立于世界潮头！

人物小传

吴信才：1953 年出生，中国地质大学（武汉）教授、博士生导师，长江学者，全国政协委员、民盟中央委员，兼任教育部地理信息系统软件及其应用工程研究中心主任、湖北省软件企业协会理事长、中地数码集团创始人等。带领团队开发出具有我国完全自主知识产权的超大型地理信息系统 MapGIS。曾获得湖北省青年科技精英、全国优秀教师等荣誉称号，获国家科技进步二等奖、地质矿产部科技成果一等奖、国家“九五”攻关重大科技成果奖等奖励。

（撰稿人：白雅晴、张宇恒、郭泽、郑淑娇、王可可、陈勃松）

李健：

自强自立，报效祖国

在川流不息的校园中，一名白发苍苍的老人在爱人的陪伴下，坐在轮椅上前往教学楼，为学生们上课。

这条路，他风雨无阻地走了三十八年。直到退休前，他一直工作在教学第一线。他先后主讲二十余种不同层次和类型的英语课程，将“以学生为主体”的教学思想运用到教学的各个环节。学生永远是他生活中最重要的一部分。

他，就是全国教育系统劳动模范、全国自强模范，北京林业大学外语学院教授李健。

在和李健老师交谈时，我们感到他不仅是一个自强自立、知识渊博的人，还总是那么和蔼可亲。更打动我们的，是他的师德魅力和忘我精神。

生当自强，永不言弃

1954 年，李健出生在一个幸福温暖的教师之家。然而命运把他抛入了深渊，小儿麻痹症使他留下了严重的残疾。凭借着父母的支持和自身的坚毅，他完成了高中的学业。但他不甘心这样度过一生，他多么渴望自己能为国家和社会出点力啊。这个梦想促使他选择了自学英语的道路。

世上无难事，只怕有心人，正是在英语上的坚持让李健得到了机会。1979 年，他在北京林学院（现北京林业大学）外语培训班临时做辅导工作。因表现出色，经林业部考核，正式踏上了一生为之付出的三尺讲台。

远赴重洋，求学深造

1987 年，李健只身踏上了前往英国攻读硕士学位的旅途。严峻的考验不仅来自生活，更来自学习。为了弄清每一个问题，他常常思考至深夜。留学期间，他阅读了大量专业书籍、期刊，并主动旁听进修计划外的课程，争取在有限的时间内多学习一些知识。

刻苦的学习获得了丰硕的成果。1988 年，李健顺利地通过论文答辩，获得硕士学位。当他从校长手中接过学位证书时，全场响起了热烈的掌声。此刻他心中涌现的是，“祖国，我没有辜负您的期望”。

学为人师，行为典范

身为教师，李健把教书育人当成自己的职责，视为自己的使命，用实际行动影响和教育学生。他说，大学生不仅要掌握扎实的专业技能，更要学会做人。

在工作中，他恪守师道，虽然行动不便，但是从没有一次迟到、早退；每次上课前，他都要做大量的准备工作，不断充实新的内容，以满足学生的需求；甚至生病在医院输液时，他还在坚持给学生分析讲解论文中的问题，大到篇章结构，小到语句标点。同学们常被他一丝不苟的精神所打动。

李健不仅是学生的榜样，也是一位关心青年教师的长者。他耐心地帮助青年教师分析学生特点，改进教学方法，鼓励教学创新。几十年里，李健和他的同事们为国家建设培养出了一批批外语人才，他也获得了“全国教育系统劳动模范”“全国自强模范”等荣誉称号。

李健把自己比作一个播撒种子的人，他希望学生成为一颗颗坚实饱满的种子撒向各行各业，在祖国需要的地方开出绚丽的花朵。

人物小传

李健：1954 年出生，北京林业大学外语学院教授、硕士生导师，享受国务院政府特殊津贴。从事英语教学三十八年，先后为本科生和研究生讲授二十余种英语课程，取得显著教学成果，出版英语教材、英语词典和译著等多部。他身残志坚，教书育人，为教育事业无私奉献，曾获全国教育系统劳动模范、全国自强模范、林业部有突出贡献中青年专家、北京市高教系统教书育人服务育人先进工作者、宝钢优秀教师特等奖、首都“五一劳动奖章”等荣誉。

（撰稿人：陈宇）

教书育人　服务社会

老专家、老教师篇

蒋风：

走在光荣的荆棘路上

招收中国第一名儿童文学硕士，建立中国第一个儿童文学研究所，创办中国第一个国际儿童文学馆……

他是中国儿童文学研究领域的开拓者、奠基人，耄耋之年，仍笔耕不辍。从他的一生，可以窥见大半部中国儿童文学史。

他，是原浙江师范大学校长、原亚洲儿童文学学会共同会长，继陈伯吹后国际格林奖唯一中国籍评委蒋风。

那个下午，金色的阳光温和暖人。听蒋老慢慢讲他与儿童文学的过往，仿佛能看见那段时光潺潺流淌。

爱的教育，埋下种子

1925 年，蒋风出生在浙江金华婺江边的一户小学教师家庭。

小学时，他的老师斯紫辉每周都会给同学们讲《爱的教育》的故事。学期结束，斯老师用故事中的人物来命名学生，不巧却把蒋风遗漏了，这让小蒋风感到很委屈。

斯老师知道后，送给蒋风一本崭新的《爱的教育》，书的扉页上写着"要永远记住，让自己那颗平凡的心，随时闪现出不平凡的光彩来"。小蒋风非常珍爱这本书，也从小埋下了爱的种子。

"七七"事变后，蒋风辗转在多所大学求学，毕业后，成了一名《申报》记者。

一次，他看到一则新闻，三个孩子因看了有迷信色彩的连环画，在峨眉山跳崖"飞升"身亡了。这让蒋风深感震撼，他决心为儿童的教育事业做点事情。

投身杏坛，不断拓荒

20 世纪 50 年代，中国儿童文学界"一片荒芜"。

1956 年，30 岁出头的蒋风被调到当时的浙江师范学院教授儿童文学，成为中国第一批儿童文学教研的拓荒者。

没有现成的教材，他搜罗古今中外资料，自己编写讲义。三年后，他把授课讲稿部分教材修订成《中国儿童文学讲话》并出版。这本书后来被学界公认为中国儿童文学史的雏形。

1982 年，蒋风的专著——1949 年后第一本《儿童文学概论》出版，初步构建了三位一体的中国特色儿童文学理论构架。

之后，蒋风像陀螺一样工作，一部部理论专著相继出版，一部分是总结史学规律的儿童文学史类，另一部分是儿童文学教材，用以培养人才。

任教五十余年，蒋风培养了一大批优秀学子，国内儿童文学界的学科带头人、学术骨干大多是他的学生。

笔耕不辍，播撒童真

1994 年，年近七十的蒋风离休，但他始终没有离开心爱的儿童文学事业。

他仍旧 6 点起床，吃好早饭就伏案工作。经年累月，他的椅子前面留下了两个明显的脚印。

他拿出积蓄创办“中国儿童文学研究中心”，面向全球免费招收华人“非学历”儿童文学研究生，不论国籍、年龄和职业，只要热爱儿童文学都可来学。

2011 年，第十三届国际格林奖揭晓，这是世界上儿童文学理论与研究领域最权威的奖项，蒋风成为首位获此殊荣的中国人。

2016 年，91 岁高龄的蒋风成功申请了“国家社会科学基金”，他计划用三年时间完成一部 300 万字的《世界儿童文学事典》修订本。

在儿童文学这条光荣的荆棘路上，蒋风执着前行。年轻时，他在前方荒地里开垦；如今，他守着路上的灯塔，为后人掌灯。

人物小传

蒋风：1925 年生，原浙江师范大学校长、教授，全国师范大学儿童文学研究会名誉会长、国际格林奖评委、国际儿童文学研究会首位中国籍会员、大阪国际儿童文学馆高级研究员，曾任亚洲儿童文学学会共同会长。70 余年致力于儿童文学创作、教学、研究，发表论文百余篇，出版专（编）著 50 余本。曾获全国关心下一代工作先进个人、冰心儿童图书奖、中国出版政府奖（图书）、陈伯吹国际儿童文学奖、第十三届国际格林奖。

（撰稿人：王青）

郑学勤：

儋州立业，宝岛生根

他和一代代“热作人”，在世界公认的北纬18°至24°“橡胶禁区”创造了橡胶种植奇迹，使中国从无胶国跃升为世界第五大天然橡胶生产国。他被称为“种胶奇人”，还被誉为“中国诺丽之父”。

他曾说：“创新是什么，创新就是搞人家没有搞过的，人家搞过的，我是不会搞的，人家搞不成功的，我就会接着搞下去。”

他，是热带作物科学家、海南大学资深教授郑学勤。

初见郑学勤，我们不敢相信，已经90多岁高龄的老科学家，竟有那么炽热的情怀、科研的韧劲和坚毅的目光。谈到热带作物研培之路，郑老满是自豪又感慨万千。

情系橡胶，创造奇迹

中华人民共和国成立初期，为了打破帝国主义对我国的橡胶禁运，党中央决定建立我国天然橡胶基地，快速发展天然橡胶事业。1952年，郑学勤从北京大学生物学系毕业，带着王震将军的嘱托，南下海南岛，开始橡胶研究生涯。

当时儋州的生活与科研条件是很艰难的。他住草房，吃木薯，搭起木架替代实验台，支起铁锅烧开水当作消毒设备。1960年，周恩来总理到此视察，挥毫题词“儋州立业，宝岛生根”，这是对郑学勤等青年科研者的肯定和鼓励！郑学勤曾带队去热带雨林采集胶种，雨林深处没有食物，只能钓鱼充饥，渴了喝河水，困了睡树床，许多队员体力不支，他却坚持了下来，终于找到1 000多个新的橡胶树种。有一次，遇到当地居民袭击，生命受到威胁，逃走时，他的手里还始终紧攥着橡胶树种……

为了提高橡胶产量，郑学勤和老一辈橡胶人一起克服困难，进行大规模橡胶树人工授粉杂交育种，开展了橡胶树无性系在中国热带北缘复杂地理环境下的适应性攻关。他常年在野外，被虫子叮咬，还得提防毒蛇，曾因常被蚊虫叮咬而染上疟疾，但他不顾病痛，坚持工作。研发历时四十八年，终于取得突破性成绩：单株年产干胶从一千克提高到四五千克，其抗风抗寒力超国际平均水平。在海南、广东、云南的橡胶种植面积约 54 万公顷，每年为国家带来 50 多亿元的经济效益。

初心不改，奋斗不止

斗转星移，郑学勤的研究也随之拓展。

20 世纪 70 年代中期，郑学勤开始在生物技术领域进行研究，通过对香蕉、菠萝、荔枝等热带作物新品种、新技术的研究，他带领团队向世人展示了海南热带生物资源多样性和特异性的重要成果，引起大家对热作资源和技术的广泛关注。

十多年前，郑学勤又接到一个任务，寻找和研究抗癌植物诺丽。为了寻找种子，他曾去南太平洋的库克群岛实地考察，历尽坎坷将种子带回研究；但他认为用人家的种子不好，于是他在国内探寻，2004 年，在西沙群岛的永兴岛上找到了我国的诺丽原种。世人也因此知道了“西沙诺丽”。

郑学勤始终将国家的利益放在首位，除研究橡胶，选育无核荔枝、诺丽和辣木等优良品种，还带领团队攻克热带作物遗传的分子生物学和基因工程技术，一步步将中国热带作物研究推上新台阶。

言传身教，为人师表

郑学勤言传身教带出一批优秀的学生，他们扎根于海南、云南、贵州、广东、广西、福建等亚热带地区，在热带作物科教和农业研究等多个领域发挥专长，有的是作物专家，有的是科研院所领导，有的是大学校长。他们还走出国门，响应“一带一路”倡议，助力热带农业科技创新，推动热带农业的合作开发。

现在，郑学勤仍然每天坚持学习研究。他说自己离不开实验室和书籍，还有几个研究项目，要继续为祖国贡献力量，用他的一生向祖国兑现年轻时的承诺。

风华年纪，敢担风雪，一腔热血，远赴海南。如今已经90多岁高龄的郑学勤，从弱冠之年潜心研究热带作物，到鲐背之年依旧不忘初心！现在，郑学勤仍然奋斗在国家热带作物研究的征途中……

人物小传

郑学勤：1929年生，海南大学（原华南热带农业大学）教授、博士生导师，曾任中国热带农业科学院和海南大学副院（校）长、热带作物生物技术国家重点实验室主任，兼任国务院学位委员会学科评议组遗传育种专业专家等。终生致力于天然橡胶等热带作物研究，为中国从无胶国跃升为世界第五大天然橡胶生产国作出重要贡献。曾获国家科技进步一、二、三等奖，国家发明一等奖，何梁何利基金科技创新奖等多项奖励，作为全国劳模代表参加中华人民共和国成立50周年庆典。

（撰稿人：张杰、文红净、黎慧洵）

陈光：

一生只为航空报国

他曾主持某型航空发动机研制，把从两万米高空坠落的发动机残骸修复如初；长期参与航空发动机生产、研制中的重大决策与故障分析工作。

他曾远赴苏联谈判，用严密的分析论证捍卫了国家利益；他耄耋之年仍站在讲台，只为培养更多立志航空报国的优秀人才。

他，就是我国著名航空发动机专家、北京航空航天大学能源与动力工程学院教授陈光。

1955年，陈光从北京航空学院（现北京航空航天大学）发动机设计专业毕业，此后成就了他与航空发动机的一生之缘。

十年心血，筑梦航空

1964年底至1965年初，我国空军连续击落多架美国无人驾驶高空照相侦察机，飞机残骸很快被送到北航进行分析。陈光带领北航发动机专业教职工，经过两个月不分昼夜的工作，画出了发动机零件总图，进而接受了“半仿半研”的新任务。

1968年春，用残骸修复拼凑起来的发动机第一次在航院试车台台架上运转起来，且达到该发动机的最大转速，这台“不像样”的发动机，创造了中国甚至世界航空史上的奇迹。

随后，该发动机被正式命名为涡喷-11。1980年，配装涡喷-11的无侦-5通过了设计定型。无侦-5的研制定型被铭刻在中华世纪坛的青铜甬道上。

赴苏谈判，据理力争

1988年5月，中国民航苏制图-154M客机发生严重的发动机断轴故障。在故障分析中，中苏双方专家意见存在严重分歧。苏方专家认为，故障原因是中方操作不当。陈光参与故障分析工作并做出了判断，提出故障原因是苏方发动机的结构、材料、工艺方面存在问题。

陈光随后紧急受召加入赴苏谈判小组，一场针锋相对的论战拉开帷幕。陈光沉着冷静地将中方的分析结论详尽地表述出来，有力地批驳了苏方的结论。苏方专家认可了中方结论的正确性，承认此次故障责任在苏方，中方在这次中苏技术谈判中大获全胜！“面对苏联权威专家，我们顶住压力证明了中国科学家的实力，”陈光自豪地说，“因为确认了故障是苏方的责任，后来苏方不仅按我的意见修改了设计，还赔偿了中方不少钱呢！”陈光的喜悦之情溢于言表。

教书育人，惠泽后世

作为中国科学院老专家科普演讲团首批团员之一，二十多年来，陈光一直坚持开展丰富多彩的科普工作。

无论是科普还是专题报告，陈光都能根据听众的情况，及时调整内容。正因如此，陈光的演讲在不同层次的听众中都受到热烈欢迎。2018 年，88 岁高龄的陈光还为中科院工程热物理研究所作了十次专题报告。

陈光说：“老一代人终究要将接力棒交给下一代人，重中之重就是培养创新型人才。”为此，在生活并不宽裕且老伴常年卧病在床的艰难情况下，2013 年，陈光拿出 50 万元积蓄发起建立了“航空强国中国心”教育基金，以奖励那些有志终身从事航空发动机事业的研究生和本科生。至今，全国已有数十名在航空发动机领域做出突出贡献的青年人才获奖。

一生只做一件事。陈光对研究航空发动机的热情和激情，正是源自他对航空、对祖国的热爱。航空报国，是陈光一生的追求。

人物小传

陈光：1930年生，北京航空航天大学教授，航空发动机结构设计专家，曾任北京航空航天学会秘书长。从事航空发动机结构设计的教学、科研与生产工作六十余年，多次参与军内外航空发动机故障分析与排除工作。2012年获中国老教授协会的“老教授科教工作优秀奖”，2016年获中国老科协的“突出贡献奖”，2016年获评“校优秀共产党员”，并被授予“共产党员十杰”称号，2019年获“北京教育系统关心下一代工作先进个人”荣誉称号。

（撰稿人：杨梦欢、李济辰）

王恒杰：

南海考古第一人

花白且有些凌乱的头发、晒得黝黑的肤色、空荡的左臂袖管，1992年5月，这样一位独臂老人站在了南沙群岛的码头上。60岁的他将写好的遗书交付给了当时海南省领导，之后便乘上了海南琼海渔民00351号木质机动79吨渔船，驶向祖国的最南端——南沙群岛。

他，第一次对海南岛及西沙群岛进行了考古调查，把西沙同祖国大陆的联系至少上推了1000年；前后七下西沙，两下南沙，为我国南海主权提供了有力的证明。

他，就是“南海考古第一人”，边疆历史考古学家，中央民族大学历史文化学院教授王恒杰。

在一个夏日的午后，我们在当年由学校统一分配的房子里见到了王恒杰教授的妻子张雪慧。房间朴素简洁，家具颇有年代感，夫人坐在一把木头椅子上，讲述着几十年前的故事。

安贫乐教，躬行民族边疆不曾停歇

幼年时，王恒杰的左臂被日军炮弹炸失，但他未曾在意身体的缺陷。从大学起就热爱历史与考古的他，任教后也未曾真正休过寒暑假，每到节假日就到边疆民族地区考古。他曾在雨季的怒山里数次险些崖边落马，在澜沧江边的万山丛中饥寒交迫迷路。他说："只有亲自做过实地田野考察，获得真实的资料，写起来心里踏实，论据充实，文章学问才能坚实，有长久的生命力……这是我做学问的笨办法。"

那时候教师的工资并不高，鲜少参与评教职的他，安于清贫成为习惯，频繁的外出调研考察都与夫人靠"开源节流"来支持。夫人张雪慧说："那时候虽然物质上清贫，但精神上却很富足。最开心的就是每次他考古回来，兴奋地说有什么重要发现。"

因为他考察过的地方足够多，他的课程总是最受学生喜爱，"深入浅出、声情并茂"八个字是学生写在卡片上送给他的。

第二故乡，南海考古挺直中华脊梁

1992 年 5 月，在"三不通"的情况下，王恒杰为了南海考古登上了当时由中国台湾省军队管辖的太平岛，到达了版图最南端的曾母暗沙，并在南沙岛礁发现了秦汉迄清的丰富文物，直接推动了1994年首次两岸联合南海考古工作的开展。

回来后，来自海内外的报道铺天盖地，他被赋予“南海考古第一人”的称号。对于这称号，他说，他可以做南沙考古第一人，但热切期望在不远的将来，能有相应的设备、足够的经费、更多的考古专业人士到辽阔美丽的南沙开展工作，千万不要使他成为空前绝后的南沙考古人。

成就并未让王恒杰停下脚步。归来一个月后，他便再赴西沙宣德群岛进行考古。1995年，王恒杰被确诊为肺癌晚期，直到生命终结的时刻，病榻上的他放不下的仍是南海，他曾说：“南海是我的第二个故乡。”1996年9月，在中国海军50名南沙卫士的护卫下，王恒杰的骨灰回到了他奉献一生的南海。

先生的一生是推着时间走的。中国的脊柱也正因为有一群无言的躬行者而渐渐挺直起来，再也未曾倒下去。

人物小传

王恒杰：1932年生，中央民族大学历史文化学院教授，考古学、历史学专家，是中国第一位自费赴南海考古登上太平岛、到达曾母暗沙考察的边疆历史考古学家，被誉为“南海考古第一人”。两次徒步入西藏，七下西沙，两下南沙。首次在西藏发现新石器时代遗址与遗物，且证实与甘肃齐家文化属同一系统，并以不可辩驳的考古实证，揭示了南海自古以来即为中国的领域。

（撰稿人：王子薇、王晨婷）

张荣曾：

情系祖国，甘愿奉献

70年，沧桑巨变，日新月异：从泥泞小路到平坦大道；从笔墨纸砚到智能通信；从仰望天空到遨游其中……一幕幕发生在每一位亲历者身上，也映在每一位亲历者的眼中。让我们走进中国矿业大学（北京），聆听张荣曾教授的奋斗历程，感悟他的人生履历，读懂这位实现以煤代油，让煤像油一样流动、燃烧的传奇人物。

20 世纪 70 年代，国际上兴起一种以煤代油的新燃料，由煤粉、水、添加剂配比而成，优于煤炭又具有石油般的流动性和稳定性，这就是水煤浆。美国和瑞典起步较早，中国起步晚，经验几乎为零。

另起炉灶，道路艰辛勇挑重任

1982 年 6 月，中国矿业大学北京研究生部接到煤炭部要进行水煤浆技术攻关的批示。那年著名的选矿专家张荣曾已经 50 岁了，但还是咬咬牙，答应了！选矿和水煤浆是两个不同的行业，隔行如隔山，何况这个年龄改专业方向，谈何容易？

一种选择，就是一种胆识，同时也意味着一种求索、一种牺牲。新技术的开发要经过一个漫长的历程，水煤浆技术的开发也不例外。从实验室迈向工业化试验，面对一次次失败，张荣曾没有退却。炎热夏日，室内温度高达 40℃，张荣曾经常忙得满头大汗，有时遇到搅拌机不听使唤，他便用手一次一次地搅拌，几个月下来，他的手烧得整整掉了一层皮。就是在这样艰苦的条件下，张荣曾带领攻关组制备出了满足工业生产要求的水煤浆。

1983 年 5 月 20 日，张荣曾带领攻关组研制出的第一批水煤浆在浙江大学试验炉上燃烧成功。1984 年 2 月，第二批优质水煤浆燃烧再次获得成功，并达到当时的国际先进水平。同年 8 月，北京造纸厂成功试烧 70 吨，中国的水煤浆的工业燃烧从此开始了！

1996 年 1 月 19 日，中共中央总书记、国家主席江泽民来到中国矿业大学北京研究生部水煤浆试验厂进行考察。在试验台前，张荣曾和工作人员为总书记作了水煤浆制浆技术演示，总书记不时地停下来仔细察看、询问。在得知我国的制浆技术比国外先进后，总书记高兴地连声赞许。

师长乐教，以身践行奋斗精神

从20世纪80年代至今，张荣曾先后任中国矿业大学北京研究生部矿物加工工程研究所所长、国家水煤浆工程技术研究中心制浆技术研究所所长等职，同时被聘为博士生导师，为我国选煤界培养了大批卓越人才，出版了一批颇具影响力的学术著作。张荣曾将他的青春无私地贡献给祖国的煤炭事业和能源新领域的科研中，自力更生，艰苦奋斗，在弯道中超车，打破了国外对水煤浆技术的封锁，将水煤浆技术做到了世界一流水平！

伴着冉冉升起的五星红旗，和着豪迈激荡的国歌，前辈们优秀的精神品质定将生生不息，代代相传！

人物小传

张荣曾：1932年生，中国矿业大学（北京）教授、博士生导师，选矿专家，享受国务院政府特殊津贴。是国家攻关项目“水煤浆制备技术”关键技术的开发者与奠基人，开发出优于国外的制浆技术。获国家科技进步二、三等奖，国家技术发明二等奖，中国科技发展基金能源大奖等奖励，获煤炭部优秀共产党员、先进工作者等荣誉称号。出版著作8本，其中1本收入《世界百科名著大辞典》。江泽民、胡锦涛等党和国家领导人先后亲临考察中国矿业大学北京研究生部水煤浆试验厂，并听取他的汇报，给予高度评价。

（撰稿人：葛晓慧）

徐辉碧：

执守初心，收获“硒”望

在同学们眼里，她是教书育人的好老师；在同事眼中，她是敬业忘我的好伙伴；在丈夫眼中，她是执着追求事业的同行者。而对于中国生物无机化学界而言，她最为闪亮的一面，是中国硒生物无机化学研究的先行者。

她，就是中国无机化学家、将国外硒研究成果带回中国的第一人、华中科技大学化学与化工学院教授徐辉碧。

第一次见到时年 86 岁的徐辉碧，她衣着素净、笑容慈祥。屋内阳光遍洒，一瓯清茶，万卷藏书，就如徐辉碧几十年如一日的研究一般，清简、丰盈、生生不息。

得未曾有，心净踊跃

1978 年，全国科学大会的召开迎来了科学的春天。1979 年，时为副教授的徐辉碧幸运地被选为访问学者派赴美国深造。

去美国学什么？徐辉碧考虑再三，选择了生物无机化学这个当时国内几乎空白的边缘学科。面对陌生的领域和语言不通的压力，她认定："要学，就要学国内没有的、国内需要的。"她争分夺秒地补充专业基础知识，起早贪黑练习英语。11 月，徐辉碧来到美国加州大学圣迭戈分校化学系，在世界知名生物无机化学家施劳泽（G. N. Schrauzer）教授实验室做研究工作。

一分耕耘，一分收获。两年的访问学者生涯，使徐辉碧明确了生物无机化学的研究内容、方法和发展概况，取得了可喜的研究成果，更重要的是带回了前沿的研究方向。

筚路蓝缕，玉汝于成

回国前，徐辉碧思考着要将一个更有理论和应用意义的研究方向带回祖国。当了解到施劳泽教授发现了硒与癌的负相关关系，研制出的防癌营养品已投入市场时，徐辉碧很激动。抗癌，是能够惠及人民、造福社会的研究。她带着访学的收获和满腔的热忱回到了祖国，开始了与硒生物无机化学的不解之缘。

对硒的生物无机化学研究，首先需要通过微生物发酵得到硒酵母。这对化学出身的人来说，是陌生的，徐辉碧研究团队只能白手起家。微生物发酵是外行，就去华中农学院请教；没有灭菌实验室，就自己设计、安装……光阴荏苒，天道酬勤。1983 年，我国第一个硒酵母在华中理工大学（现华中科技大学）化学系实验室诞生了。硒酵母的研制成功为我国进一步研制硒酵母药物提供了技术基础，亦体现了中国科技创新创造从无到有的蜕变。

皓首穷经，兼济天下

如何实现科学研究与奉献社会的有机融合？“国家需要、创新意识、辩证思维、坚持不懈”——这是徐辉碧一以贯之的“四句诤言”。

在决定将“阐明硒的生物功能的分子基础”作为培养研究生的主要方向之后，徐辉碧带领团队开始了长达 30 年硒和活性氧自由基关系的基础研究。“我们这一代人，就是为国家发展扛着重担走过来的，我相信你们会做得更好。”徐辉碧这样说。如今，这一研究方向已培养了近 20 位博士、60 位硕士，曾经的“一穷二白”如今已是桃李满园。

心之所向，素履以往。徐辉碧执守着初心，总能从平凡中发现闪光，在朴素中看到坚忍，在成就里坚定信念，在坚守中收获“硒”望。

人物小传

徐辉碧：1933 年生，华中科技大学教授，无机化学家。1957 年毕业于北京大学化学系，曾任华中理工大学（现华中科技大学）化学系主任、理学院副院长，1999—2003年调任生命科学与技术学院院长，70岁退休后，在生命科学与技术学院返聘工作到80岁。作为中国研究“硒”的先行者，徐辉碧长期从事硒的生物无机化学的研究。为揭示硒的营养作用和毒性的分子基础，她和她的团队系统地研究了多种硒化合物与活性氧自由基的作用，为防治癌症做出了贡献。

（撰稿人：刘赵昊旻）

绍武：

岿然信仰，红色传薪

他是烈士遗孤，年少从军，1940年随母亲参加八路军一二九师，1948年参加太原战役，后随部队进军西南，历经血雨腥风。

他是红色作家、中国第一批影视教育家，1980年任北京作家协会理事，著有多部长篇小说、报告文学、电影剧本、多幕话剧等。

他是高校教授，1958年毕业于北京师范大学中文系后留校任教，为戏剧与影视等诸多领域培养了大批人才。

他，就是绍武先生。

初见绍武先生，精神矍铄，目光炯然如炬。望九之年的他还像年轻时一样求索、一样繁忙而有条不紊，照样沐着第一缕晨曦读书写作，迎着师大路上那一抹赤红霞光来到学生们的近旁。

荆棘之途上的“生命交响”

1940 年，少年绍武随母亲加入八路军一二九师，9 岁那年在日本鬼子扫荡太行山区的战斗中，母亲抱着他坠崖，母亲牺牲，他幸存了下来，在革命同志的大爱和硝烟战火中长大，亲历了太原战役和重庆、成都等战争前线的磨砺，成长为一名坚强的共产主义战士。誓扫日寇不顾自身安危的戎马生涯已沉淀为他不可磨灭的精神印记。忘记历史等于背叛，革命的红色薪火才是我们中国人生命的底色！这映照着绍武内心一份笃定的价值观——身为革命幸存者，活着的每一天，都要用来完成牺牲者未尽的遗志。

“这，就是我生命的意义。”老先生的话掷地有声。

喧嚣之畔：潜心筑梦

“我最大的梦想，就是在有生之年写完一部像《水浒传》那样的章回体小说，故事里尽是我们共产主义信念的革命英雄！”

1972 年绍武开始文学创作之路。为创作《梅岭星火》，三个多月的时间，他和夫人黄会林在北京、上海、南昌等地奔波，走访了陈毅元帅的亲属和老战友、老部下共两百多人次，查阅了一百多万字的文字史料，中间还要坐火车辗转回北京代课，正是这苦累的日子赋予了这部鸿篇巨著独特的艺术生命！中国电影巨匠夏衍先生抱病亲自指导，几经修改的《梅岭星火》拍摄放映后，观影人次达到 1.3 亿，先生收到几麻袋的观众来信，装满了那个年代里人们对红色文化的炽热憧憬。

鲜花与掌声并没有令绍武驻足。多年来，他推掉所有的学术颁奖交流等邀请，躲在喧嚣之畔潜心筑梦，投身到更多题材的创作中。

师友之间："第三极"上升起灿烂星辰

2010 年，绍武与夫人首推"民族文化坐标系"概念，首倡"第三极文化"战略理论，为祖国奠定属于北京师范大学的战略级文化创新理论。这位倔强的老者殷切地期望我们中华民族的优秀传统文化，能够与时俱进地呈现和渗入年轻一代的灵魂，中华文化的红色基因不能丢！

寄身戎马的荆棘之途、文学创作的喧嚣之畔、风雅意趣的师友之间，每一个维度的绍武都绽放出"红色"的荣光。

人物小传

绍武：1933 年生，北京师范大学副教授，红色作家，曾任北京作协理事。创作的电影《梅岭星火》《彭德怀在西线》，话剧《故都春晓》享誉全国，作品获中国首届优秀话剧文学理论专著奖、全国优秀教学图书奖、北京"十个一工程"奖等。与夫人黄会林结合教学改革首推大学生校园戏剧，创办"北国剧社”并担任艺术指导，首倡“第三极文化”战略理论，为国家提供了战略级别文化创新理论。2019 年 1 月 4 日，当选为北京师范大学 2018 年度“感动师大”新闻人物。

（撰稿人：沈阳、孙子荀、谢冬雷、孔维能、刘慧琳）

黄士元：

理想为石，实干为砂

他学贯中西，将毕生所学尽数运用在国家建设、国家教育发展上。2015年中国混凝土与水泥制品行业大会上，有着六十多年教学与科研实践的他，荣获了中国混凝土与水泥制品行业终身贡献奖。

他，就是同济大学教授、博士生导师黄士元。

在叩响黄士元先生家门前一刻，我还有些许紧张，不过见到黄士元后，这种陌生感便忽地没了，并对黄士元充满了敬意。黄士元先生的家中同寻常人家并无差别，稍有不同的是客厅中偌大的书柜和茶几上随意放着的几本建筑材料杂志，浓厚的学术气息充满了房间。黄士元先生虽然术后初愈，但见到我们时精神矍铄，双目如炬，闪烁着智慧的光芒。

茶香绕梁，老人枕着午后的阳光，向我们讲述了一段岁月悠长的故事。

国家需要，组织需要，就去哪里

中华人民共和国刚成立不久，风华正茂的黄士元报考了哈尔滨工业大学（简称哈工大），当问到为何选择去东北时，他笑了笑："哈尔滨是老解放区，在那个时候哈工大也是第一所完全借鉴苏联教育模式的高等院校。"此后，经历了专业调配、院系调整，黄士元进入哈工大土木系学习，进而改去材料系。在哈工大学习期间，黄士元得到了许多实习锻炼的机会。1956 年，黄士元毕业后进入东北第三公司，在这里，他首次采用大孔无砂混凝土建起大楼，自此与混凝土打起了交道。据老人回忆，过去学校十分重视实习，这导致了他做老师后，也每年带学生外出实习。

在哈尔滨实习的经历让黄士元看到了我国建筑材料方面的落后，"国家需要，组织需要，我们就去哪里"这样简单的念头，让他下定决心为填补我国混凝土材料方面的空白而奋斗。六十多年来的科研、教学工作中，黄士元研究混凝土抗冻问题这一此前无人触及的领域，旁征博引，针对我国不同的环境气候调配出了普适性极高的混凝土材料。即使是在退休以后，黄士元仍然活跃在诸多国家重点工程项目中，指导学生解决青藏铁路混凝土抗冻耐久性难题，对国家交通、水利等多项大项目中混凝土的安全性、耐久性提出意见。

严谨求实，用事实说话，结学术硕果

在瑞典做访问学者期间，黄士元阅读了很多国外文献，眼界大开，但并未盲从外国学者的课题进行研究，而是考虑到国内情况，进行粉煤灰水泥水化及其浆体微观结构的研究。最终得到的建筑材料不但节约成本，各方面性能都更为优化，尤其适用于海港工程和水利工程。回国后在讨论碱骨料对混凝土的影响问题时，在大部分专家学者都同意铁路枕轨产生裂缝是碱骨料的原因的情况下，黄士元提出了异议，他实地考察数处铁路，分析其成分后得出结论，最终说服中国建筑材料科学研究院，改变了原本的设计方案。黄士元说，当时不但要面对政府建筑部门支持研究碱骨料反应的压力，还要面对大量科技人员和院士的不同意见，但他说："做这个研究，讨论这些东西，就必须自己去现场看，用事实说话，用数据说话，这才是真正地讲科学。"我想，正是有这样严谨求实的精神，黄士元才会有如此硕果。

不仅在学术上卓有成就，黄士元也是一个优秀的授渔人。教学几十年来，他言传身教，将这份对知识纯粹的尊敬与热爱、踏实勤奋的科研精神传给每一个学生。他回忆说，当年在杨浦加气混凝土厂实习时，一名叫麻毅的高中毕业生想到用皂荚溶液来稳定加气混凝土以解决加工中的塌模问题，黄士元解决了技术问题后，这项科研成果荣获第一届国家发明奖四等奖，而麻毅成为此奖项的第一获奖人。"因为他是创造性的思想者。"黄士元说道，"不能因为别人学历不高，就把研究成果据为己有，实事求是嘛。"

寄语青年，把国家发展肩负在身

黄士元说，科研一定要往踏实的道路走，要下到每一个项目去研究，虽然过程中有时有痛苦，但这是一个研究人员的基本素养。他还剖析了当前建筑材料存在的问题，强调了环境保护问题，也就是材料的回收再利用问题。“这是国家发展的一大趋势，也正是未来短时间内应该解决的问题。”采访即将结束时，黄士元仍再三叮嘱，做学问要踏实、勤奋、实事求是，要把国家发展肩负在身上，这样才是一个合格的材料人，才是一个合格的中国新青年。

注视着老人的双眼，我感受到由衷的感动与震撼。已是耄耋之年，那份对国家、事业的热爱依然在他的眼中绽放。他用理想为石，以实干为砂，铸起了一座坚实的丰碑。

人物小传

黄士元：1933年生，同济大学教授、博士生导师，材料科学专家。长期从事建筑材料，特别是水泥和混凝土的教学与科研工作，先后在哈尔滨工业大学、同济大学等五所大学任教，曾在瑞典皇家工业大学、日本东京工业大学从事混凝土科学研究。20世纪70年代，在国内首创的混凝土冬季施工外加剂，直到今天仍被广泛应用。曾获第一届全国科学大会奖、国家发明奖、中国混凝土与水泥制品行业终身贡献奖、上海市科技进步二等奖等。

（撰稿人：龙腾宇）

何永保：

岁月光华，与你同在

他是我国计算机神经网络研究领域的先锋者和开拓者，当人工智能在国际尚处起步阶段之时，他带领的跨学科团队就在“神经网络智能应用研究”“模糊控制和神经控制方法研究”等项目中取得了具有国际先进水平的成果，为复旦大学计算机科学系迅速积累实力，与国际接轨奠定了基础。

他，就是复旦大学计算机科学系的第一任系主任何永保。

祖国需要你

1949年5月27日，上海解放，年仅16岁的何永保热血沸腾地投入到欢庆解放的队伍中。那年他初中毕业，父亲却突生重病，为了继续完成学业，何永保报名参加政府开设的培训班，勤工俭学，高中毕业，进入一家上海电表厂工作。

1954年，《解放日报》头版头条刊登一则重磅新闻——“祖国需要你”，国家号召广大青年报考大学，投入国家建设。何永保踌躇满志，毅然做好了放弃厂里优厚薪资待遇的准备，瞒着家人报考了大学。

何永保最终被复旦大学物理系录取。录取新生名单被刊登在《解放日报》上，他至今还珍藏着那张录取名单，永远也忘不了在密密匝匝的人名中找到自己名字那一刻的激动和喜悦。

国家需要，就是自己的研究方向

“国家需要，就是自己的研究方向”，这是何永保始终坚守的工作信条。1959年，复旦大学建立上海市第一个微波实验室，何永保担任实验室主任。这是他第一次接触微波方向，但他带领团队攻坚克难，在微波波谱学和量子电子学研究方面做出了开创性成绩。

1969年，何永保被调去负责开展自动控制方面的研究，他欣然接受任命，带领物理系几十名师生深入上钢三厂，成功完成了多项自动控制方面的技术革新项目，同时撰写多本计算机和自动控制方面的教材，为厂里培养了一批技术骨干。

迈入中年的何永保更加成熟，他既是一位在专业领域有较深造诣的学者，又是一位受人尊敬的领导者，也是大家的良师益友。

乘“风”直上九万里

1975 年，复旦大学建立计算机科学系，何永保被任命为首任系主任。在他的科学分析和规划下，复旦大学计算机水平迅速与国外一流大学接轨，奠定了日后长足发展的基础。

他参与和领导了多项国家大型研究项目，曾获得教育部颁发的科技进步一等奖。20 世纪 90 年代，他跨学科组建的神经网络与计算智能研究组曾入选国家“攀登计划”，取得了许多具有国际先进水平的成果，对我国神经网络的发展起到了重要推动作用。

他呕心沥血，为国育人才。他总是语重心长叮嘱学生：成才必先立德，一定要先树立良好的品德，想着回报祖国和人民。

不忘初心，方能朝着希望继续前行；牢记使命，才可肩负起中华民族伟大复兴的责任；作为党员，无私奉献，才能无悔于华夏！

人物小传

何永保：1933 年生，复旦大学教授、博士生导师，1959 年加入中国共产党。1975 年参与负责筹建复旦大学计算机科学系，担任第一、第二两届系主任，曾任国家“攀登计划”项目专家组成员，主要从事模式识别、智能控制、计算智能、人工智能等方面的研究，参与和领导过许多国家大型科研项目，为中国的神经网络发展做出重要贡献，曾获国家教育部科技进步一等奖、国家教委科技进步二等奖等奖励。

（撰稿人：高巾捷、林青）

连家创：

投笔从戎奔赴战场，立志报国求学轧钢

他是热爱社会主义事业、坚定建设中华人民共和国的台胞，他是国内知名冶金机械专家，是以教学科研的本职工作为荣的知识分子。

他，就是曾任中共十四大代表的燕山大学原校长、中国金属学会理事、河北省金属学会副理事长连家创。

相约一生，申请入党为初心

1951 年，连家创的高中同学陈景宁入朝参战前写道：“大家互相保证在不久的将来会面时，都能成为一个光荣的共产党员，在毛泽东的旗帜下奋勇前进。”为了践行这段话，连家创几乎奋斗了一生。

1952 年，远赴哈尔滨工业大学求学的连家创向党组织提交了入党申请书，把做一名共产党员、建设富强的祖国当作自己的奋斗目标。

连家创大学五年的学习成绩一直保持全优。1956 年春，连家创成为机械工艺系党支部支部大会讨论的组织发展对象，但由于他的家庭状况材料没有新加坡当地党组织的证明而无法通过。

连家创毕业后留在东北重型机械学院（现燕山大学）担任教师，为了讲好轧钢辅助设备课，他用三个月时间到鞍钢实习考察，又花费半年时间阅读了大量俄文期刊和专业书籍，重新编写了教材讲义，提炼出简明易懂的经验公式，被同学们誉为“连氏公式”。他的教学既做到了理论联系实际，又深入浅出，博得了同学们的好评。

婉拒出国，历尽磨难成正果

三年困难时期，连家创父亲多次写信希望他出国协助家族经营商务，连家创回信委婉表示自己热爱轧钢专业，无意出国经商，并于 1962 年第二次提出入党申请。然而，因担心他终将出国定居，他的入党申请被再度搁浅。

在知识分子接受劳动锻炼改造的年代，连家创用一年业余时间自学并通读了厚厚的英文专业书籍，开阔了专业视野。1965年，他在带领学生参加国产第一套1700热带钢连轧机地下卷取机设计时，在深入分析国内外卷取机方案的基础上，大胆地提出了三辊式地下卷取机方案，后来被证明这是国际最先进的技术方案。

1974年3月，连家创决心攻克洛阳铜加工厂1000三机架冷连轧机液压弯辊铜带板形控制的技术难题。他通过对冷连轧机轴承座进行改造设计，增设了正、负液压弯辊装置和液压控制系统，使铜带板形质量得到显著改善，该项目获得1978年全国科学大会奖。

春风化雨，年届五十终如愿

1978年，科学的春天来到了，连家创已经成长为东北重型机械学院优秀教师和轧钢专家，他第三次提出入党申请。1982年，连家创晋升为教授，1983年成为东北重型机械学院首位博士生导师。1983年3月15日，轧钢专业党支部大会通过了接纳连家创入党的提议。在年届五十之际，他终于实现了加入中国共产党的多年夙愿。

几十年来，连家创始终坚持为祖国的轧钢事业添砖加瓦。入党后，他当选为党的十四大代表，培养指导了24名博士生，为我国轧钢界培育了大批优秀人才。其中，白振华博士更是在31岁时捧得国家科技进步一等奖。

人物小传

连家创：1933年生，燕山大学原校长、博士生导师，板形控制专家，河北省台联原会长，享受国务院政府特殊津贴。

1959年毕业于哈尔滨工业大学，曾任黑龙江省第六届人大代表，河北省第八、第九届政协常委，中共十四大代表。1984年3月任东北重型机械学院副院长，1988年6月至1995年4月任该院院长兼燕山大学校长。1999年获国家科技进步二等奖，2005年获国家科技进步二等奖，获其他部级二等奖4项、三等奖4项。

（撰稿人：储敏、李修远、杨晓旭、王韶云、王子涵）

申光宪：

不忘初心，牢记使命

他是用血肉之躯捍卫祖国和平的“最可爱的人”；他是成功解决长期困扰我国钢铁企业的轧机经常烧轴承问题的轧钢专家；他是创立“轧机微尺度静定设计理论”的银发学者。

他，就是燕山大学机械工程学院教授、亚太边界元法及计算方法会议组织委员、第七届边界元法全国会议主席、《机械工程学报》专门审稿人申光宪。

热血男儿舍生忘死，抗美援朝投笔从戎

1950 年，朝鲜战争爆发，全国掀起了抗美援朝的热潮。初中毕业年仅 16 岁的申光宪毅然投笔从戎，报名参加了中国人民志愿军炮兵。在中华人民共和国危难之际，他挺身而出，奔赴战场，以“战争之神”的愤怒火焰，与帝国主义进行了你死我活的斗争。

申光宪饱含深情地说：“有国才有家，保家卫国是义不容辞的责任。”他用实际行动诠释了对祖国的一片赤子之心。

立志报国求学轧钢，知行合一培育英才

1953 年，在战后的废墟上，中华人民共和国开启了优先发展重工业的民族振兴之路。3 年“血与火”的炮兵经历使申光宪切身感受到钢铁工业强国的力量。归国后，他立志献身祖国钢铁事业，插班补习了高中课程，1955 年考上哈尔滨工业大学轧钢专业，毕业后成为我国第一所专门培养重型机械人才的东北重型机械学院（现燕山大学）教师。

为了赶超世界先进水平，申光宪两次赴日本东京大学学习“边界元法”，掌握了计算机模拟轧制过程的先进工具。他成功地攻克了长期困扰我国钢铁企业的轧机经常烧轴承的难题，这项科研成果荣获 2003 年国家科技进步二等奖。他为师几十年，坚持理论联系实际的科学精神，培养了大批轧钢专业技术人才和数十名硕士、博士，其中包括中国工程院院士黄庆学。

创新轧机设计理论，老骥伏枥问鼎博士

“路漫漫其修远兮，吾将上下而求索。”退休后，申光宪偶然得知宝钢进口的西方先进轧机（德国2050CVC四辊精密轧机）在调试时也存在经常烧轴承的问题，还造成2000多万元的经济损失。从哲学的视角观察，这意味着中外轧机普遍存在某种未知的设计缺陷。为此，他创造性地提出了“轧机微尺度静定设计理论”，这是对已有上百年历史的经典轧机设计理论的大胆突破和创新。为了权威科学地论证“轧机微尺度静定设计理论”，申光宪以“老骥伏枥”的精神前往日本东京大学攻读博士学位，并以75岁高龄获得日本东京大学工学博士学位。他的“轧机微尺度静定设计理论”被认定为原创性成果，达到了世界领先水平。

从士兵到教授，申光宪用亲身实践诠释了“我和我的祖国”血浓情深——少小“立卫国之志”，银发“展报国之才”！

人物小传

申光宪：1935年生，燕山大学教授、博士生导师，享受国务院政府特殊津贴。曾任亚太边界元法及计算方法会议组织委员、国内边界元法会议组织委员、第七届边界元法全国会议主席，现任多本学术期刊专门审稿人，太原理工大学客座教授等职务。发表论文多篇，出版专著3部，获国家科技进步二等奖1项、省部科技进步一等奖2项、省部技术发明和科技进步二等奖4项、专利7项等奖项，荣获河北省优秀发明者、优秀教师和荣誉称号。

（撰稿人：刘世杰、王雨凡、王茜）

罗伯森：

跌宕人生，与国同行

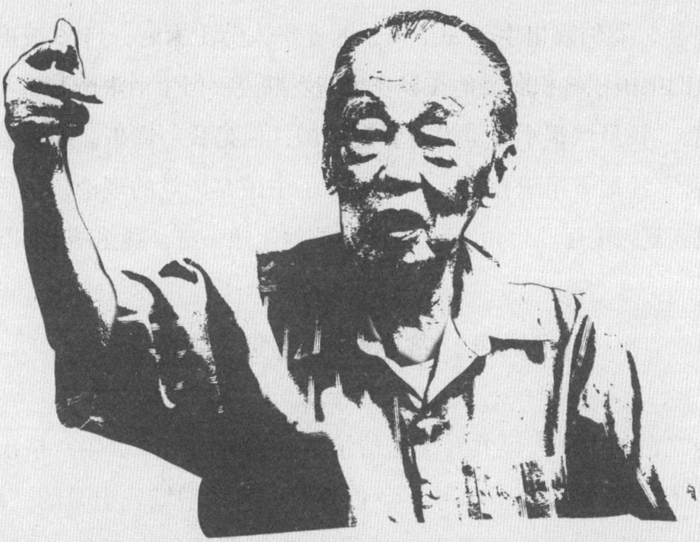

从漂泊马来西亚到回归故土，相隔不止一张船票的距离；从贫寒少年到法学教授，所成就者也不仅个人的努力和期许。

罗伯森教授慈祥而矍铄地讲述着他和祖国相分相合、甘苦共尝的过往，既是回忆历史洪流下的一叶人生，也向我们铺陈百年间历久弥新的中国故事。

家国危亡，异乡游子不掩爱国之心

1935 年，罗伯森出生于一个马来西亚华人劳工家庭，14 岁被迫辍学下矿谋生。旧中国积贫积弱，他在异乡也饱受欺凌。但生活艰辛并未消弭他的爱国之情："我虽然很小，也没有看过祖国，但是我一懂事，那颗爱国的心就很浓厚。"经地下组织介绍，他接触到了中国共产党的理论，认识到只有党肩负民族复兴重任。1949 年后，16 岁的他孑然一身，毅然踏上归国之路。

国家优育，贫寒少年改变人生命运

一穷二白的中华人民共和国倾情接纳了赤诚的归国少年，挤出资金来帮助穷苦子弟就学。时隔 70 年，罗伯森对他就读增城一中时的"助宿金"感念颇深：正因有国家的资助，他得以进入学堂、改变命运。1957 年，他考上中南政法学院。

回忆求学经历，他说，"我在马来西亚，只能当矿工，哪里有可能再读十年书。"在这十年里，他感受到祖国对知识、人才的尊重和渴求，也看到了党带领着人民寻求复兴、崛起的热忱和希望。毕业后，他毅然加入了中国共产党。

耕耘一方，传道授业恪守法律初心

罗伯森毕业后投入基础教育行业。随着社会主义法制建设走上正轨，法学教育急需培养更多人才。1979 年，中山大学法律系在端木正主任和马传方书记等前辈的努力下成功复办。不久，罗伯森毅然南下广州执教中山大学。他说，“我的专业是法律，我想回归到这个专业来。”

筚路蓝缕，以启山林，罗伯森为中山大学法学教育倾其所有。他主持经济法、合同法、民事诉讼法等多门课程的教学工作，编著多本优秀教材。1987 年，他担任系副主任，大力支持法律培养班，建立多个实习基地。罗伯森培桃育李，硕果累累，他的学生也成为一方的优秀法律人才。桃李不言，罗伯森期望他的付出能够继续推动新时代的法制建设。

罗伯森一生与国同行，亲历国家和个人的荣辱，他因祖国滋养而茁壮，也为祖国强大而尽瘁。从异乡到故土，他始终带着对祖国赤诚的热爱。这份热爱，源自祖国历尽沧桑后依然给了年轻人明天的希望，源自党和国家为了创造民族未来而奉献所有。

他说，“我们国家可爱嘛，怎么能不爱国家呢？”

——这句跨越七十年的发聩之音，愿走在前辈们铺设的康庄大道上的你我共勉。

人物小传

罗伯森：1935 年生，中山大学法学院教授、硕士生导师。早年因家境贫寒辍学务工，1949 年后回国并考入中南政法学院，成为共和国的法制人才。1979 年中山大学法律系复办不久，他入职并教授经济法、合同法、民事诉讼法等多门课程，编著《经济合同法知识》《中国合同法教程》等教材，为中山大学法律系的发展做出重大贡献。1987 年担任系副主任，组织领导法律培养班和实习基地的创建工作，为广东法制建设持续输送人才。

（撰稿人：陈章全、江桦华、林思勤、梁璐璇、刘文龙、张秋实、刘英容、田雨轩、何旖晴、潘文浩）

黄真：

与祖国有歌一曲

他是国际上享有盛誉的机构学专家，也是我国最早从事并联机器人研究的学者。

他，就是燕山大学原机械工程学院教授、博士生导师，中国机械工程学会机构学专业委员会名誉主任黄真。

第一次见到黄真，是在学校教师宿舍的家中，黄真从书房出来，亲和如自家长辈。谈及并联机器人，黄真瞬间神采飞扬，眉目中的专注如火般炙热。

闻君黄金台上意，此生遂成机构人

黄真生于天津，“七七”事变爆发后，全家南下逃难，小学五年竟换了八所学校。少年黄真最爱唱的歌是《毕业歌》：“同学们，大家起来，担负起天下的兴亡！”日本飞机的轰炸，使他刻骨铭心地体验到落后挨打的滋味，少年的心中无时不在憧憬建设一个强大的祖国。

1953 年，黄真怀揣土木建筑工程师的美好愿望，从湖南衡阳来到遥远的哈尔滨工业大学，因为国家急需重型机械人才而转学轧钢专业。在大学的六年，黄真养成了探索真理，穷尽学术的精神，他为吃透机械原理的新奥秘而乐此不疲。

1959 年毕业后，黄真被分配到东北重型机械学院（现燕山大学）从事机械原理和零件教学，他把这门专业基础课研究得入木三分，讲得出神入化。

求学闻鸡以刺股，三分天下解铃人

1982 年，46 岁的黄真赴美访学，研修机器人。面临选择串联机构还是并联机构，黄真看好当时世界上仅有十几人研究的并联机构。他夜以继日、废寝忘食地追赶前人的研究步伐，学校放假期间也借来钥匙进入实验室研究。天道酬勤，黄真迅速在并联机构领域取得了重大突破：他创新利用反旋量理论，领先综合出了自由度为 4 和 5 的对称并联机器人，领先世界同行一步总结出统一的机构自由度计算公式，解决困扰机构学界一百五十多年的难题。

国家自然科学基金委员会工程和材料科学部认为，黄真的学术成就是“机构学在中国的三个里程碑之一”。2010 年，国际机械学科学术组织国际机构学与机器科学联合会（IFToMM）授予黄真“卓越成就奖”，黄真成为该奖项首位华人获奖者。一位英国教授在欧洲谈起机构学，认为世界研究机构学有三大块，北美、欧洲以及中国。黄真为中国人在世界学术论坛争取了一席之地。

最爱传道授业事，解惑学子引路人

1997 年，黄真出版了我国第一部并联机构学术专著《并联机器人机构学理论及控制》，开创了将旋量理论用于机构构型综合的先河，还首创基于环路数学的拓扑理论、机构数字化图库和螺旋理论，解决了自由度计算的“Gogu 问题”。

作为老师，黄真非常重视“把学生引领到国际学术最前沿，培养具有国际学术眼光的人才”，鼓励学生直接与国际学者 E-mail 讨论学术问题。他还时常拿出自己的科研经费资助学生出国参加国际学术会议。黄真一生育人无数，其得意弟子高峰教授的“并联机器人机构拓扑与尺度设计理论”荣获 2013 年国家自然科学二等奖。

人物小传

黄真：1936年生，燕山大学教授、博士生导师，中国机械工程学会机构学专业委员会名誉主任。创新利用反旋量理论，领先研究出了自由度为4和5的对称并联机器人，并且领先世界同行一步总结出统一的机构自由度计算公式。先后承担国家自然科学基金项目10项，国家“863项目”3项，国家科技攻关、河北省高层次优秀人才支持计划等项目；国内外发表论文350余篇，出版专著5部；曾获得教育部和河北省自然科学类一等奖4项，2010年获本学术领域国际IFToMM组织授予的“卓越成就奖”。

（撰稿人：赵显、郑鑫）

程锦松：

睹微机之诞生，与祖国共成长

在中国计算机技术人才寥寥无几时，他说："我要响应国家号召，学习计算机技术。"在国家计算机事业刚刚起步时，他说："中国凭什么不能拥有自己的微型计算机？"在研发受阻攻关艰难之时，他说："要像蚂蚁啃骨头，向前推进不放弃。"

他，就是中国第一台微型计算机 DJS-050 的研发者、安徽大学计算机学院教授程锦松。

这是一位连皱纹里都长满了笑容的耄耋老人，这是一位退休多年仍关心时代发展、科技进步的人民教师，这是一位不慕名利只求专注的时代先锋。程锦松老人与微机的故事，还得从63年前说起……

响应号召，满腔热血，深深羁绊

1956年，程锦松年仅20岁，还在学校畅游数学秘境的他对计算机一无所知。当时的程锦松怎么也没有想到，两年之后的自己，将与从未谋面的计算机开启一段长达半个世纪的“恋爱长跑”。

1958年，中华人民共和国的计算机教育事业进入起步阶段，从数学系毕业的程锦松当即响应国家号召，前往北京参加计算机技术训练班，在此进修三年。之后的岁月，计算机理论与实践研究成为他生活中不可分割的一部分。

因为热爱，所以无惧。即使素昧平生，也拦不住程锦松与计算机的命中注定。

同心研发，艰苦卓绝，废寝忘食

20世纪70年代初，发展计算机事业已是各国共识。而在微型计算机方面，中国尚未有所突破。1973年，程锦松接受了国家要求研制微型计算机的任务，作为设计组组长之一，他带领安徽无线电厂三十多位同事从零起步。

他用显微镜分析芯片电路，手写编码为微机设计计算功能，他熬至深夜进行最后的调试，与同事彻夜不眠茶饭不思……1977 年 4 月 23 日，中国第一台微型计算机 DJS-050 在合肥诞生了。1978 年，在第一次全国科学大会上，安徽无线电厂凭借研制出的 DJS-050 微型计算机获得了国家“重大成果奖”。

回忆那段艰苦时光，程锦松一直强调着“蚂蚁啃骨头”，这形象的比喻，饱含着他对当年默默无闻埋头苦干的时代工作者们的致敬之情。而他自己，又何尝不是一名伟大的时代工作者呢？

师者有道，不忘初心，勇筑未来

改革的春风拂过，程锦松受聘成为安徽大学计算机系主任。作为一位科研工作者，他一丝不苟、心无旁骛。作为一名教师，他要求学生大胆想象、严格求证，还时常鼓舞学生对计算机研究事业报以热情，希望他们持之以恒。年年岁岁，岁岁年年，他为国家培养了一批又一批优秀的计算机人才。

程锦松常说：现今的时代，已不再是 DJS-050 的时代，人不能活在过去，但为计算机事业拼搏奋斗的精神不该忘记。在日新月异的信息时代，青年学子更应该主动学习，不忘来路，为中国抓住新的机遇。程锦松期望当今的年轻人争做时代的脊梁，就如当年国家将未来与希望寄托在他们身上一样。

人物小传

程锦松：1936 年生，安徽大学教授，享受国务院政府特殊津贴。曾任安徽电子科学研究所副所长和总工程师，安徽大学计算机系主任，安徽省第四、五届政协委员，中国计算机学会微机专业委员会委员，安徽省计算机学会理事。曾获全国科学大会奖1项、省部级科研成果奖6项，撰写的论文有4篇获安徽省优秀学术论文奖。其个人事迹被收录于《中国高等教育专家名典》和《中华人物辞海》等书。

（撰稿人：陈茜茜、陈星）

谢自楚：

冰川之子

“选极地!”“进南极!”这一掷地有声的决定，他花了一生的时间来坚守。他曾在日记中写道:“如果我在南极遇到不幸，请求不要把我的尸体运回国内，我愿意让南极的冰把我封冻起来，让祖国未来的考察者能有一天突然发现我，让他们为我的献身而骄傲。”他的故事里，满是他炽烈如火的热情与执着一生的冰川岁月。

他，就是“冰川之子”，中国雪崩学初创者、国际欧亚科学院院士、湖南师范大学资源与环境科学学教授谢自楚。

第一次见到谢自楚，82 岁的他精神矍铄，虽然庞眉白发，可整个人却透着一股别样的精气。当谈到过往岁月，提及冰川，说起那段求索和奋斗的时光时，他的眼里闪耀着如火般炽热的光。

学者求知，道途艰辛，鞠躬尽瘁

谢自楚领队开创天山的雪崩防治研究并建立了中国第一个雪崩站。在一次科考时不幸遭遇雪崩，队友被掩埋。他不顾流血冻僵的手指，不顾一切奋力挖着硬如山石的雪堆拯救被掩埋的队友，直到队友被成功救出，他又不顾危险继续完成研究任务，将自我安危置之度外。他数十年如一日的舍身奉献，为中国雪崩研究奠定了坚实基础。

1960 年，谢自楚毕业于莫斯科大学地理系，是中国第一个“极地冰川”专业的毕业生。他首先提出夏季补给型冰川物质平衡的概念，被国际冰川学界认可和应用；他参加了澳大利亚南极冰川学考察，作为第一个中国冰川学者在南极冰盖上进行了四百多天的野外越冬考察。他曾在一次冰川温度观测结束后，在返回生活车的路上被卷进了茫茫的暴风雪中，从高约两米的硬雪丘上摔下，全身失去知觉，幸好被队友及时发现才得以留住性命。在康复期间，他在日记上乐观地写道：“冰川胜利了！瘟神战败了！我永远属于冰川。医生今天宣布我可以参加户外考察活动了。刚才我用这只倒霉的脚跳了五十下，以示庆祝……”

谢自楚组织了中国第一支南极考察队，建立了第一个南极考察基地。他引进国外先进技术设备，组队对各大山峰的冰川进行了大规模考察，弥补了之前的研究空白，使中国冰川学迅速进入国际先进行列。他热心科学普及工作，与施雅风院士等先后出版了二十二册《中国冰川目录》，为国家水利部等决策部门提供了有关冰川水资源应用的基本资料。从朝气盛年到白发苍苍，从容光焕发到体力不支，一直不变的是他那颗纯粹的、永远追求真理的心。

师者乐教，以身践行，桃李天下

冰川研究是冷门专业，但一定要后继有人。谢自楚说，“最重要的就是培养下一代！”他把培养冰川研究后继人才当作自己的神圣职责，潜心发掘，精心栽培。在半个多世纪中，谢自楚培养了大批冰川学研究人才，他们都成为中国冰川学与极地研究的第二代、第三代学术骨干，其中，最为杰出的学生就是南极探险家兼科学家秦大河。

1986 年，谢自楚被国家人事部选为第一批国家中青年有突出贡献专家。1996 年，他来到湖南师范大学工作，先后承担国家自然科学基金科研课题十多项，发表学术论文两百多篇。在这期间，他还选送优秀科技骨干到上海筹建中国极地研究所，连续多年推荐优秀人才到澳大利亚、美国、日本以及中国自己的长城站工作，为他们的顺利成长提供了难得的平台。

从敢为人先开创极地研究，到培育新一代领军人才，再到实地考察与写下研究经历启迪后人，谢自楚用他的一言一行践行着教师的使命和担当，书写着对祖国的无限热爱与忠诚。

赤子忠贞，一片丹心，风雨相守

“冰川之子”谢自楚，把这一生都献给了雪山和冰川。对妻儿，更多的是牵挂和愧疚。

与妻子新婚第二天，谢自楚就启程前往南极。他们和众多的冰川夫妇一样，两个人长期分离，也无法给予孩子足够的照顾。谢自楚选择了奉献祖国，选择了投身于冰川事业，就注定着他要牺牲与家人相守的时光。从每年3月中旬到12月初，海面封冻不能通航，九个月收不到任何信件。每月有3分钟和家人通话的机会，每当从话筒里听到孩子的声音，他就会忘记一切寒冷和疲劳。与妻子风风雨雨走过五十多年的岁月，他们经历了太多的坎坷与苦难。为了事业，他没办法参与儿女的成长，他把一腔热血全部奉献给冰川极地事业。他曾说："我好像是为了冰川而生，冰川和雪山是我生命的一部分。"他这一生为之奉献的挚爱——雪山冰川，孤高冷寂，而他爱得炽烈如火。

他是第一个到北极的中国科学家，是中国南极科考的倡导者。在队员眼里，他是有勇有谋的领头人；在学生眼里，他是稳若磐石的老师；在妻子眼里，他是为国奉献的丈夫；在儿女眼里，他是顶天立地的父亲。但在他自己眼中，他只是一个平凡人，做了他热爱的事。

跨过山河，越过冰川；用双手劈开冰山，用脚步丈量世界；白日苍茫时的高歌畅谈，夜深人静时的低声思念，他用热血拂去冰川的寒意，留下蓬勃的希望。在那一片冻结的土地上，被誉为"冰川之子"的他，用无限深情仰望高山，俯视大地，在历史的冰冻处呼吸。

冰川是一片白色荒漠，但当他第一次踏上那片冻土时，那片土地便有了声音，裹着坚守与希望，散入风中，传播到每一寸凝结的土地。

人物小传

谢自楚：1937年生，湖南师范大学教授、博士生导师，冰川学家，国际欧亚科学院院士，国际冰雪委员会副主席。中国雪崩学初创者，中国最早到北极进行科学考察的科学家，中国南极科学考察的倡导者，先后两次登上地球北极、两次登上南极大陆、三次登上珠穆朗玛峰，主持国家、中科院、国际合作科研项目20余项，发表论文180余篇，获中国科学院竺可桢野外科学工作奖、中国地理学会冰川冻土优秀理论奖、国家有突出贡献中青年专家等奖励和荣誉称号，被誉为“冰川之子”。

（撰稿人：秦玮）

郭新：

六十载光阴，与水产养殖业共成长

1961年，他从繁华的海滨城市厦门来到舟山，一待就是一辈子；他毕生从事海洋浮游生物的教学与研究，一干就是近四十年。

作为舟山岛最初的建设者，他为国家水产事业发展输送了大量人才。

“空谈误国，实干兴邦。水产增养殖探索，点点滴滴都是对海洋生物的孕育与保护。需要真刀实枪地干。”

他，就是一名扎根舟山的新岛民郭新。

初见83岁的郭新，精神矍铄，热情地称呼我为小朋友。聊及与水产养殖教学研究的过往，一度意气风发。

自强不息，扎根海岛终不悔

20世纪60年代的舟山，舟楫渡海，偏远苍凉。位于平阳浦滩涂上的舟山水产学院，基础设施简陋得近乎寒碜。

同来的几位年轻人不久便吓跑了，但来自福建的他却选择留下，并成家立业。他坚定地认为，适者生存，人绝不能畏惧困难，向困难妥协！

岛际交通不便，成家后的郭新依然住校，与家人聚少离多。入夜后的学校静如空城，他把学生当成自己的孩子，朝夕相伴，亲力亲为，一同探索研究对虾的人工培育、曼氏无针乌贼的增殖保护，探讨式班会一开便是四小时……时光教会他奋斗不止，他教会学生自强不息。

格物穷理，绝知此事要躬行

舟山渔场是全国最大的渔场，教学之外，郭新总想为这海洋资源宝库做点什么。20世纪80年代，他作为生物学领域的专家之一，参与了首次东海渔场沈家门渔港海域污染调查报告项目。此项目旨在摸清整个舟山海域海洋生物生态环境，他首次把舟山海域海洋生物资源状况编撰成一本《海洋生物志》，对鱼、虾、贝、藻类作了系统梳理，填补研究空白。他也经常为水产养殖户支招。

实践出真知。郭新非常注重带领学生实地感受海洋生物的生存环境，掌握人工育苗技术。但这绝非易事，经费短缺、联络不畅，让考察行程变得举步维艰。有一次，他带领全班36名学生前往青岛某养殖基地考察。一名学生出于好奇独自坐舢板离岸探索海洋生物，一度失联，后来在另一海岸获救，实属万幸。“我当时压力非常大，身心俱疲。”他说，“但我不后悔带学生出来，搞研究就该这样！”

弄潮蓝海，桃李芬芳报师恩

全国劳动模范、全国先进工作者、国家科技进步奖获得者……他带出的不少学生，已在水产养殖研究领域长袖善舞。当初，宁波市海洋环境监测站向他伸出了橄榄枝。本可以结束与家人分离之苦的他，最终没有调离。或许，培养更多的学生从事水产养殖研究，于他是更有意义的事业。

见证着舟山从孤岛到新区，陪伴着海岛水产养殖业从无到有，六十余载，从青丝到华发，“这辈子，我就在这儿了。”郭新眼神明亮，笑容坦然。

人物小传

郭新：1937年生，浙江海洋大学副教授，浙江省海洋学会、浙江省动物学会会员。主编《海洋生物志》等著作，填补了鱼、虾、贝、藻类的研究空白，从事杭州湾及岱衢洋渔场海域浮游动物及底栖动物的生态分布研究等方面的工作，曾获浙江省科学技术协会优秀论文三等奖等奖励和浙江省舟山地区科学教育大会“文教系统先进工作者”等荣誉称号。

（撰稿人：周镭镭、胡晶晶）

钟本和：

风雨兼程六十载

一辈子的科研，一路上的披荆斩棘、栉风沐雨，她都融入这句话里："遇到困难就像在山坡上拉黄包车，拉到浑身是血时，要么松手，连人带车一起滚下来；要么咬牙，拉上去就是胜利。而我只能选择后者。"

她是料浆浓缩法制磷铵的创始人，曾荣获国家科技进步一等奖，被誉为"磷化工行业的袁隆平"。她，就是四川大学杰出教授钟本和。

六十年，是中国从满目疮痍走向繁荣昌盛的史章，也是钟本和教授矢志不渝，将“料浆浓缩法制磷铵”的工艺设想付诸实践的征途。

心系祖国，无惧风雨，确立初心

翻开回忆这本深深浅浅的旧书卷，记忆停留在了最初钟本和教授选择磷化工方向的时候。那时还是大学生的钟本和，想法纯粹又热烈——那就是要到祖国最艰苦的地方去，要到祖国最需要的地方去。她清醒地认识到，我国西南部有着因技术瓶颈而等待开采利用的中低品位磷矿，因此她放弃优越条件毅然投入到磷化工行业，为国家解决紧迫的问题。

历史的波澜壮阔在不同的时代总有着不同的样子，但一颗初心所折射照耀的地方，总可以看到许多同根而生且熠熠生辉的光点，那便是一代代中国人心中伟大复兴的中国梦。

执着坚守，团结一心，攻坚克难

“我们学工的，只提出想法是不够的，要去实干。”钟本和带着全新的工艺设想——料浆法踏上了漫漫征途。

钟本和说：“只要一心想把一件事做成，总会想到办法的。”六十年前，面对质疑和反对，她从学校走进了工厂，连续三年春节不归家，日复一日守在装置旁。她的坚定、执着凝聚起了工人们，让一颗颗炽热的心在同一频率跳动。六十年前，中国科研刚刚起步，资金短缺，可磷肥的改造刻不容缓，新工艺的研究势在必行。在前程未卜的情况下，是工厂党委书记，肯定她的选择，顶着压力贷款 10 万元来支持料浆法的研究。得道多助，有工人们的众志成城，又有党委领导的鼎力相助，他们与钟本和勠力同心，打破桎梏，迈过沟壑，最终找到了适合中国磷矿的新型磷铵制备技术——料浆浓缩法制磷铵。

专注态度，立德树人，成效显著

从朝气蓬勃的学生到如今潜心科研、教书育人的老者，钟本和矢志不渝地坚守了六十年，专注已经成了她的习惯。

从“六五”科技攻关计划到“十三五”科技攻关计划，钟本和用自己的理念，培养出了一批又一批优秀的学生，她带领的教师团队荣获全国首届“黄大年式教师团队”称号。勇敢、坚持、专注，是钟本和“立德树人”的态度。她说：“要认准一个点，紧跟国家的思路和需求。”科研领域广阔浩瀚，切忌三心二意、浮躁焦急。当回首来路，来之不易的科研成果终会冲淡路途的艰辛和漫长，只留下坚守的幸福。

人物小传

钟本和：1937 年生，四川大学杰出教授、博士生导师，享受国务院政府特殊津贴，磷化工领域的开拓者和领军人物。曾兼任中国磷肥工业协会常务理事、中国磷肥专家组副组长、硫酸协会理事等。获得国家科技进步一等奖、国家科技进步二等奖、何梁何利基金科技进步奖、赵永镐创新成就奖、首届“亿利达”科技奖、侯德榜化工科学技术成就奖等奖励，带领化学工程教师团队获得首届全国高校“黄大年式教师团队”荣誉称号。

（撰稿人：佟宇婷、江雨欣、严睿桐、廖绍松、赵俊）

许秀文：

不忘初心，向光而行

“我志愿加入中国共产党……”右拳举起、面向党旗庄严宣誓的那一刻，她眼里涌出了激动的泪花。为了这一天，她足足求索了六十年。

六十年，一个甲子的时光，让她从青涩少女变成了耄耋老人。她把对党的热爱融入教学改革、科研攻关、参政议政、贡献余热中，她就是东北林业大学退休教授许秀文。

第一次见到许秀文老师，就觉得她身上有一股劲儿，有一股说不出来的精气神儿——她总是盘着头发，远远看去，特别有宋庆龄的韵味。她笑着告诉我，宋庆龄是她的偶像，而她也正是像宋庆龄一样，怀着一腔对祖国、对人民的热爱，无私奉献了她整整的一生。

爱党，就要为党忘我工作

许秀文是铁路工人家的孩子，1957 年，风华正茂的许秀文考入东北林业大学。她追求进步、积极进取，入学当年就递交了入党申请书。

许秀文毕业后留校工作。她把对党的深深热爱镌刻进自己从事的教育事业，达到了忘我的程度。

1964 年，学校安排老师带领学生到北京实习。当时，许秀文正在长春婆婆家坐月子，她大女儿刚出生不久、尚未满月。如果带学生实习，一走就是三个星期，孩子怎么办？看着嗷嗷待哺的孩子，许秀文心中也百般不舍，可是在家庭和事业的天平上，她还是把重心倾向了后者。

许秀文心里装着事业，要听党的话、要为党忘我工作是她对自己的要求。在 53 年的从教生涯中，许秀文注重教学相长，推陈出新，她先后主讲了纤维板制造工艺学、人造板工艺学等多门课程，其中纤维板制造工艺学课被列为全校的教学改革典型课。她不断更新教学内容、改进教学方法和考试方式，注重理论与实践相结合。

爱党，就要奉献才智

20世纪80年代，改革开放催生了众多企业。技术成为制约企业发展的关键。许秀文是木材加工领域的专家，专注于纤维板和中密度纤维板的生产工艺研究，她以防水剂、乳化剂的创新作为突破口，探索新工艺、新技术，为企业发展助力。

她走出校门，来到哈尔滨正阳河木材加工厂，置身于新安装的纤维板生产线的现场。她在一线培训化验人员和技术工人，成为企业的贴心人；同时，企业也成为她深入了解纤维板加工生产线，探索新工艺、新技术的科研宝地。

许秀文主编的三部专著《现代木材加工技术》《纤维板制造工艺学》《中密度纤维板工程》，不仅丰富了我国木材加工技术，完善了纤维板、中密度纤维板的制造工艺，也对推进现代木材加工技术的发展及教学研究具有重大意义。

许秀文利用寒暑假和教学之余，先后为大兴安岭翠岗纤维板厂、甘肃天水纤维板厂、河北赤诚纤维板厂以及陕西太白县纤维板厂等二十多家企业开展技术咨询服务。针对大兴安岭翠岗纤维板厂热压机热能利用不充分问题，许秀文提出了热压机废气回收利用的建议，实施后一年为企业节约原煤1 500多吨，给企业带来显著的经济效益和社会效益。该项成果还受到大兴安岭地委和林业局的表彰。

多年来，许秀文投身于科技成果转化为生产力的实践中，为东北、华北、西北的木材加工企业提供了大量的技术支持，被企业誉为“名誉职工”“技术顾问”。

爱党，就要为党建言献策

因为一直崇拜宋庆龄那种为革命事业殚精竭虑、鞠躬尽瘁的精神，许秀文把她作为自己的精神偶像和行为楷模。作为民革中央委员和民革黑龙江省委常委，她先后提出过《以立法的形式保护黑龙江省森林植物园》《关于将我省四煤城整体建设成煤炭循环经济区的建议》《关于建立粮食主产区利益补偿机制的具体建议》《关于东北地区粮食仓储爆满问题的对策与建议》等诸多有分量并且被政府采纳的建议。她也多次受到黑龙江省参事室党组的表彰。

她多次表示："我信仰共产党，我愿意为党建言献策。如果我的建议能够为祖国的发展提供一点贡献，我会觉得自己的人生更有价值。"

爱党，就要为党发挥余热

2013 年 5 月，75 岁的许秀文退休了，但她并没有闲下来享受生活：撰写了《关于对黑龙江省石墨产业发展的建议》，受邀为各民主党派新成员、新任政协委员、人大代表举办系列讲座，向学院青年教师传授教学经验和教学技能，参加学校的关心下一代工作……依旧全心全意地投入，认真完成组织交给的各项任务，为此荣获民革省委优秀奖和省委老干部局颁发的"百名阳光离退休干部"荣誉称号。

看到许秀文还在为事业奔忙，时任退休办党委书记张凤斌敬佩地问她："许教授您还有什么心愿？您还要求入党吗？"一句话触痛了许秀文的神经，泪水夺眶而出："入党是我一生的追求，是我终身的夙愿……"

2017 年 9 月 10 日，80 岁的许秀文转正为中共正式党员，圆了她梦寐以求的入党梦。

信仰是什么？信仰是心中的光，可以照亮人生的路。许秀文正是不忘初心，向光而行，用信仰为生命注入了活力与创造。

人物小传

许秀文：1938年生，东北林业大学教授，民革党员、中共党员，黑龙江省人大常委、省政协委员，黑龙江省政府参事室参事兼参事室咨询协会常务副会长，省科技顾问委员会林业组专家，省重大决策组成员，省自然科学基金会、省杰出青年学科组评议专家。曾获国家林业部最佳教师奖、园丁奖、中国林学会劲松奖、东北林业大学教学质量优秀奖，荣获黑龙江省“百名阳光离退休干部”、东北林业大学“优秀教师”荣誉称号，发明专利1项，出版专著4部、译著50万字。曾出席联合国第四次世界妇女大会。

（撰稿人：霍天琢、赵泽永、何昊）

武云飞：

赤子之心——从高原到大海

跋山涉水献青春，绘就高原鱼类新图谱；跨海越岛人未老，编著海洋本草动物篇！从青丝到白发，从高原到大海，那一串串坚实的脚印中透出的是一颗赤诚的报国之心。他曾说：“我是共和国培养的大学生，祖国的需要就是我人生奋斗的方向。”

他，就是中国科学院竺可桢野外科学工作奖获得者、中国海洋大学教授武云飞。

见到武云飞是在中国海洋大学的百年建筑水产馆里，耄耋之年的他依然精神矍铄，言谈举止间透着温文尔雅，让人如沐春风。

呕心沥血，青藏高原铸丰碑

忆往昔，心如潮涌。1960年从山东海洋学院毕业时，身为青岛人的武云飞主动请缨奔赴大西北。进入中科院青海生物所后，他便开始了青藏高原鱼类分类研究。那时的他立下了一个坚定的信念：中国人必须自己尽快系统完成高原鱼类的科学图谱，纠正之前外国人在这一领域错漏百出的零散研究。

青藏高原环境恶劣，野外调查异常艰苦。武云飞乘船、撒网、登山，长年累月的奔波，受过多少次伤，他自己也记不清了。因为高原反应，他两次罹患严重的肺水肿，都是领导勒令下山才住院治疗的。三十多年里，他的足迹遍及青藏高原三大山系及云贵川相邻地区的所有大河、大湖，行程25万余千米，采集了400余种珍稀鱼类和化石鱼类标本，发现了鱼类2个新属、19个新种和新亚种，开创性地建立了高原鱼类分类新图谱，为高原鱼类研究竖起一座巍峨的丰碑。

孜孜不倦，教书育人受喜爱

1993年，武云飞被求贤若渴的母校引进。担任水产学院副院长兼水产养殖系主任的他，搞调研，开讲座，编教材，为学院发展贡献才智，为学科建设殚精竭虑，为人才培养孜孜不倦。1996 年获国家自然科学奖，1997 年获“山东省专业技术拔尖人才”称号，2000 年获青藏高原综合科考贡献奖……

因为有青藏高原野外调查的丰富经历，他的课讲得生动有趣，深受学生喜爱。退休后，他又被学校返聘三年继续承担教学科研工作。汗洒田园，桃李芬芳，他的许多学生都已成为行业才俊。

拳拳之心，献身事业不停歇

退休后的武云飞似乎更忙了，2004 年起，他参与了浩大的《中华海洋本草》项目，负责药用动物部分的编纂任务。十多年来，他再次走向野外，对我国沿海岛礁进行了全面的点线采集调查。作为丛书副主编，他为这套科学巨著的圆满出版贡献了大量心血。

年逾八旬本应颐养天年，武云飞却没有闲下来，他又用一年时间录制了慕课《走进鱼类世界》。他就是这样，一心想着为国家多做事，对家庭的事却不怎么上心。夫人是他的好帮手，当他调回青岛时，夫人还留在青海，直到 1996 年退休。他说，不想麻烦组织。

高原巍峨，大海辽阔，一颗赤子之心连起万里长空，伸向远方……

人物小传

武云飞：1938 年生，中国海洋大学教授、博士生导师。大学毕业后自愿去青海工作，长期从事鱼类学研究，踏遍青藏高原、云贵川毗邻地区的所有大河大湖，行程逾 25 万千米。发现鱼类2个新属、19个新种和新亚种，获中国科学院竺可桢野外科学工作奖、国家自然科学奖励、青藏高原综合科学考察贡献奖。主编有《青藏高原鱼类》《系统生物学》《海洋脊椎动物学》等。退休后，担任《中华海洋本草》《中华海洋本草图鉴》等书的副主编。培养的多名研究生已成为国家教学科研生产部门的领导和骨干。

（撰稿人：纪玉洪、罗江林、张晓妆）

李贺君：

厚植中非情谊，奉献医者仁心

他是湖南首批援非医疗队成员，在非洲播撒健康的希望。

1973年，远赴塞拉利昂执行任务时，他曾在日记里写下："能够为国际主义援助贡献力量，我感到光荣！"

岁月流逝，81岁高龄的他回忆起那段峥嵘岁月，仍是骄傲满满，"我能从农民的儿子，变成有机会为国家、为中非两国人民服务的医生，感谢党的培养和祖国母亲的支持。"

他，就是中南大学湘雅二医院骨科教授李贺君。

1973 年 3 月，湖南省第一支援塞医疗队踏上了广袤无垠的非洲大地，开启了湖南援外的历史篇章，李贺君便是队员之一。

出征：漂洋过海援医西非

1973 年，援非的消息来得很突然，李贺君毫无心理准备，当时母亲身患重病，妻子又在部队，两个年幼的孩子无人照料，心里矛盾极了。

“儿啊，我没事，我在家等着你平安回来！”母亲的理解和叮嘱，让这个汉子泪眼婆娑，安心不少。

1973 年 3 月，医疗队从北京出发，历时七天途经七个国家，飞抵塞拉利昂首都弗里敦。在伦敦等待期间，队员们拜谒了马克思墓地，“为全人类谋幸福”是《共产党宣言》的要旨，也是中共党员李贺君践行的目标。

医疗队驻扎在塞拉利昂首都弗里敦，这里终年蚊虫滋生，疟疾肆虐，恶劣的环境威胁着医疗队员们的健康，身处一线，就是一个没有硝烟的战场。

亲历：跨越国界种族，守护非洲人民健康

与恶劣环境相对的，是稀缺的医疗设备和人才。当时，塞拉利昂整个国家的医护人员只有几十人。医疗队迅速将中国援助的医疗设备安装好，抽血、化验、手术、培训，24 小时轮值……在异国他乡，李贺君和队员

们冒着被感染的风险，给非洲患者带来希望，也送去健康。

两年零四个月的时间里，接诊的病人来自塞拉利昂各地，甚至有的还来自邻国，时任塞拉利昂总统史蒂文斯曾两次视察并看望援非医疗队。到现在，李贺君依旧还能想起一个叫 Miki 的孩子出院时，眼睛睁得大大的，笑容像花儿一样，用蹩脚中文对他说“谢谢”。

回首：中非友谊温暖长存

1975 年 8 月，李贺君跟随医疗队圆满完成任务归国，飘扬的五星红旗和塞拉利昂国旗见证了两国的情谊。从而立之年，到耄耋老人，近半个世纪来，中南大学湘雅二医院已经向非洲派出 19 批共计 47 位医护工作者，救治数以万计的非洲患者，培训数百名非洲医务人员，建立了“带不走的医疗队”。“不畏艰苦、甘于奉献、救死扶伤、大爱无疆”的中国医疗队精神，正是李贺君为代表的援非医护工作者的真实写照。

作为新一代的医路践行者，我们将接过老一辈的接力棒，接续踏上前辈们走过的征程。让中非情谊如美酒一般，在岁月的酿造中愈加浓厚，愈加甘醇。

人物小传

李贺君：1938 年生，中南大学湘雅二医院骨科教授、主任医师，享受国务院政府特殊津贴，曾任骨科主任、外科教研室主任，兼任中国医疗保健国际交流促进会医用生物材料专业委员会副主委、中华医学会手外科专业委员会全国委员、湖南省医学会手外科专业委会主任委员等。具有丰富的临床经验，擅长骨科疑难病诊治，注重教书育人、勇于创新。1973 年 3 月至 1975 年 8 月参加第一批中国援塞拉利昂医疗队，在条件极为艰苦的情况下出色完成任务，受到国家卫计委的表彰。

（撰稿人：沙丽娜）

李毓佩：

投身科普乐其中，心怀国家系未来

“科学与文学”相结合，是他的创作理念。四十年来，他为小朋友打造了一系列数学科普童话。科普创作是“默默”的事业，他经历过迷惘和彷徨、发展与创新，却从未停下自己的脚步，矢志不移地在数学科普道路上负重前行，用坚守为祖国的教育事业贡献力量。

他，就是中华人民共和国成立以来成绩突出的科普作家、中国数学科普界的三驾马车之一，首都师范大学教授李毓佩。

李毓佩教授是我国著名科普作家，他十分擅长用少年儿童喜闻乐见的童话故事形式，将抽象枯燥的数学知识，讲得深入浅出，情趣盎然。他的书被公认为是引导少年儿童走进美妙数学花园的佳作，他更是被孩子们亲切地称为“数学爷爷”。

集腋成裘，聚沙成塔

李毓佩小时候家境贫困，为了改善生活，他便开了一个小人书书店，同时他还是新开路小学图书馆馆长，这些经历使得李毓佩从小就有机会阅读大量的书籍。

小时候的阅读积累给李毓佩之后的数学科普童话创作带来了很多灵感。他说没有一定的积累，是不可能在数学科普创作上有所作为的。深入浅出，是数学科普创作之根本，只有深厚专业知识，扎实文学素养，才能够创作出让小朋友真正感兴趣、对小朋友真正有帮助的数学童话故事。

只此一家，别无分号

1979 年，中国少年儿童出版社计划编辑一套《少年百科丛书》。经当时的北京市教育局推荐，以文笔生动、风趣见长的李毓佩成为作者之一，于是，李毓佩开始了他的第一本数学科普创作——《奇妙的曲线》。自此之后，一本接一本，他的科普创作一发而不可收。

最忙碌时，李毓佩曾同时给十多家画报写文章，但对他来说，这并非难事，他在上下班骑车的时候构思，经常是一笔成稿，不用修改。爱克斯探长、铁蛋博士、猪八猴……一个个活泼灵动的人物，一个个充满人情味儿又好玩的故事从他的笔下喷涌而出。著名作家叶永烈在读了李毓佩的作品后叹曰："只此一家，别无分号！"

小故事，大情怀

四十年来，李毓佩出版图书两百余本，他不断调整写作思路，通过多种形式的载体展示数学故事，推陈出新，与时俱进。2010 年，"李毓佩数学故事系列"获得了中国科普作品最高奖——国家科学技术进步二等奖。

如今，退休在家的李毓佩仍在为小学数学教材创作配套的故事，把乐趣带入课堂。教育是一种情怀，李毓佩想用他的书培养中国孩子们大胆的想法和敢于批判的思维。

科普兴，科学兴；科学兴，中国兴。李毓佩以新观点、新方法、新视角为中国科普创作指出了一条创新之路，不仅普及了数学知识，还普及了数学思想以及追求数学的精神。他将所有的精力投入文字中，为祖国的教育事业竭尽全力。他的数学童话影响着一代又一代的孩子，为中华人民共和国成立以来的教育事业做出了不可磨灭的贡献。

人物小传

李毓佩：1938 年生，首都师范大学教授，中国科普作家协会名誉理事。1977 年开始从事数学科普童话创作，四十多年来出版各类科普作品两百余部，其中有多部在中国台湾、中国香港、韩国等地出版，受到广大青少年读者的喜爱。曾获国家科学技术进步二等奖、海峡两岸吴大猷科普著作奖、中国图书奖一等奖、“五个一工程”图书奖、全国优秀科普作品一等奖等，被授予中华人民共和国成立以来“成绩突出的科普作家”“北京市优秀教师”“首都市民学习之星”等荣誉称号。

（撰稿人：许楠楠、张国庆、崔雅昕）

居德华：

为你千千万万遍，我的祖国

他是甘愿为知识铺路的创新者，为年轻人奉献的老前辈。

做研究，搞创新，他一生都在做实事，以“学到老，忙到老”的高要求鞭策自己，80多岁仍旧坚持每天工作十余小时。他所提倡架构的知识高速公路——知联网，使知识主动服务于学习者，被称为“未来的未来”。

他，就是中科院软件所兼职研究员、国际著名软件杂志《IEEE Software》的工业顾问、华东理工大学计算机系首任系主任居德华。

鱼水之情，滴水之恩涌泉相报

居德华出生于1938年，那是一个民不聊生的年代，怀揣着一颗救国之心，居德华凭借优异成绩叩响了高等学府的大门。学生时代，他埋头苦学，搞研究，做实验，终于学得一身本领，满腔热血，回报祖国。那个年代的老一辈，受人滴水之恩，定当涌泉相报，年少时受恩于祖国栽培，便要一生勤勤恳恳报答。老一辈和祖国，就像鱼和水，相依相伴，不离不弃。直到今天，他80多岁高龄仍旧在为祖国发挥余热。采访中，谈及现在的工作，居德华说道："我把岗位留给年轻人，但也在继续帮助年轻人，看到他们有干劲，我很开心。祖国还需要我，我还有价值。"说起这些，他的眼睛里满是欣慰和满足。在国家危难时，他与祖国共度艰苦岁月；下放边疆时，用艰苦磨炼意志，丝毫没有停下进步的脚步；回到上海，他一边做好分内的工作，一边继续学习；在祖国改革开放迎来大好时机时，居德华开始创办公司，将理论投入实践，同时也让学生在工作中得到锻炼；21世纪，祖国踏上了飞速发展的道路，居德华看到了国际形势一片大好，于是马不停蹄地带领年轻人，进行跨国界、跨专业的项目合作，与国际接轨，与新事物接轨。无论什么时代，无论哪种身份，居德华始终以高标准要求自己，始终走在领域前端。

春风化雨，殷殷教导望子成龙

居德华始终没有忘记自己是一名人民教师。谈起他的学生，居德华笑着说自己不怕学生的名气比他大，能耐比他强，年轻人唯有不断超越前人，社会发展才有活力。他希望他的学生完成他的梦想，那就是在国际软件会议中，当外国人听到你来自中国，会竖起赞许的大拇指，这也是他80多岁仍旧奋斗在工作岗位上的不竭动力。小家系大家，个人与国家命运紧紧相连，他用实际行动诠释老一辈教育学者始终没有忘记国家，始终没有放下的几十年如一日的爱国赤子心。

坚持创新，知识服务发挥余热

“过去是要我做，现在是我要做。”面对快速发展的信息化、网络化社会，居德华提出架构知联网，利用互联网的连接能力，把原先散乱的知识资源链接和组织成一个更有价值的有机整体。让学习者方便地发现自己的知识缺陷或有兴趣的知识点，只要靠简单的浏览和点击，就可以存取到需要的知识资源。在这条道路上，他有收获，有惊喜，更多的是看到年轻人受益后的欣慰。

居德华希望年轻人有一颗勇于追求真理的心，一颗敢于追梦的心。像居德华一样，年轻的梦想永远闪耀，有梦想的人永远年轻。

人物小传

居德华：1938年生，华东理工大学教授、博士生导师，中科院软件所兼职研究员，享受国务院政府特殊津贴，曾被评为国家有突出贡献中青年专家、1991年上海市优秀共产党员、1992年上海市劳动模范。曾任国际著名软件杂志《IEEE Software》

顾问（1996—2006），中国软件测试认证委员会首席专家。主要研究方向为计算机辅助软件工程、软件自动化、“互联网 +”应用等，主持过十多项国家重点和国际合作研究课题，先后获省部、国家级科技奖多项，并共创跨国软件公司，近七年受邀担任华为技术有限公司软件工程咨询顾问。

（撰稿人：段美辰）

张良富：

踏遍青山情未了，心怀农民系国情

在安徽大别山地区，有这样一位“农民教授”，他多年如一日地带领农民朋友脱贫致富，他的事迹早就广为流传。

他，就是安徽省教书育人先进工作者、十大杰出教师，安徽省“五一劳动奖章”、林业科技进步一等奖、农村科技推广一等奖等众多奖项获得者张良富。

荷香六月，我有幸拜访到了张良富。张良富说他的一生没有太多的轰轰烈烈，我却从中感受到了他那份深厚的家国情怀。

出生在旧社会，成长在红旗下

出生于1939年的张良富，直到中华人民共和国成立才有了读书的机会。虽然启蒙晚，张良富却异常刻苦。他多次强调，没有共产党，他不可能有接受教育的机会。

在南京农学院完成学业后，刚出校门的张良富却不幸赶上了“十年动乱”。在巨大的“红流”中，他和当时众多知青一样，经过长时间的劳动锻炼，最终在1972年与安徽农学院（现安徽农业大学）结缘。那年，他被分配到安徽农学院滁县分院果树教研室任教，由于缺乏教材，张良富便主动向组织提出要下乡实践、自编教材，这便是他与农民结缘的开始。

身为农民的儿子，一生为农民服务

安徽省舒城县，如今已是远近闻名的“板栗之乡”。可几十年前，这里还仅仅只是大别山腹地的一个贫困县。20世纪70年代，张良富来到这里，满眼的板栗树与困苦的农民生活形成鲜明对比。他知道，必须使用剪枝、嫁接等农业技术，才能提高板栗产量。但是，在当时落后的小山村，要把繁叶满天的枝条剪掉，老百姓是无论如何都不会答应的。张良富一边科普，一边用实际成果说服大家。经过四年的努力，他先后为当地筛选定名了 24 个品种。

张良富技术扶贫的事迹很快在社会上传播开来，向他学习的人纷至沓来。他从来没有藏着掖着，只要有人来听，他都愿意讲。张良富常说："我是农民的儿子，为农民服务是应该的！"

为农民送去"富"音，谱写"大别山道路"新篇章

1985 年，"金寨大专班"开班，开辟了高校与地方政府联办高等教育的先河，安徽农学院自此走出了一条育人兴校、富民强农、校地协同的"大别山道路"。在"大别山道路"精神的感召下，以张良富为代表的一批批安徽农学院人播下科技兴农的种子，用知识和汗水把丰收的喜悦印在了农民的脸上。几十年间，张良富几乎走遍了安徽的田野山林，宁国的核桃、蚌埠的银杏、霍邱的柳条等，无不凝聚了他的心血。也因此，张良富先后被评为国家科技扶贫先进个人、安徽省十大杰出教师等。

作为一名党龄超过 50 年的老党员，张良富一生都在为中华民族的伟大复兴而奋斗。从中国站起来，富起来，再到强起来，他既是见证者，更是参与者。如今已经年逾八旬的他，依然壮心不已，决心用他丰富的实践技术继续为"大别山道路"添砖加瓦。

人物小传

张良富：1939 年生，安徽农业大学副教授，经济林专家，享受安徽省政府特殊津贴。一直从事经济林的教学科研和科技扶贫工作，曾获全国农牧渔业丰收奖二等奖，安徽省

“五一劳动奖章”、林业科技进步一等奖、农村科技推广一等奖、科技进步三等奖等奖励。被评为国家科技扶贫先进个人、安徽省教书育人先进工作者、安徽省十大杰出教师。

（撰稿人：陆琼）

张永康：

一生倾情湘西，服务武陵发展

当人人都朝大城市奔去时，他却逆流而行。扎根湘西四十载，他用脚步丈量了武陵山区的座座大山，把心血凝结为“三带”理论，为近百万农民铺就了致富之路。

他，就是湘西“三带”理论之父，猕猴桃“果王素”、杜仲“金雪康”的第一发明人，吉首大学教授张永康。

喝湘西的水，作湘西的文章。自从坐上长途汽车来到群山之中，他便和湘西融在了一起。

一次选择，将教育播撒在大山之中

1979年，湖南省委号召知识分子支援吉首大学，任教湖南大学的张永康便主动报名，全家坐了两天的汽车，从省城来到了贫穷落后的湘西。

人才缺乏是湘西发展最大的难题。他立下誓言，决心培养一批留得下、靠得住的人才。

当时的吉首大学，建校不过二十载，张永康所在的化学专业连实验试剂和器皿都不够，培养高等人才简直就是天方夜谭。他绞尽脑汁修旧利废，连家里刷牙的杯子都被他用作实验器皿。山中岁月清贫，就着冷饭咸菜，他敲开了吉首大学的分析化学之门。

三尺讲台寒来暑往，实验室里披星戴月，一批批学子继承了他的事业，教育的种子在大山中开花结果。

一套理论，将科研耕耘在湘西大地

别人在国际前沿找课题，他却一头扎进了大山里。

为了挖掘资源优势，张永康走遍了武陵山区三十多个县市，磨破了二十多双胶鞋，下过河，钻过洞，睡过柴房牛棚。历时十年，反复验证，他终于提出了“三带”理论：湘西是气候上的微生物发酵带、土壤中的富硒带、植物群落里的亚麻酸带。这理论像是灯塔，为湘西特色产业发展指明了方向。

数载科研风与雪，万里山路云和月，他以科研为笔，山川为卷，书写了对湘西的无限热爱和对武陵山区的深情守望。

一生情谊，将理论转化为脱贫实践

张永康不是将理论束之高阁，而是让理论接地气。

他把“三带”理论应用于武陵山区产业发展的实践。多年来，他宣讲“三带”理论500余次，撰写文章200余篇，研发“三带”产品100多种，下厂、下乡400余次，产学研合作100多项。武陵山区企业实现了年产值近40亿元，酒鬼酒成为中国驰名品牌，富硒野菜出口到欧美日韩，近百万农民脱贫致富。

他知道选择湘西就意味着远离高官厚禄，但是他更知道湘西人民对脱贫致富的渴望，更知道中国梦的实现离不开少数民族经济的振兴。

他转身投入民族地区经济建设，那逆流而行的背影照亮着祖国的武陵山脉。

人物小传

张永康：1939年生，吉首大学教授、原副校长，享受国务院政府特殊津贴。一生扎根湘西，创立“三带”理论，走“产学研”之路，服务湘西及武陵山区发展。作为猕猴桃“果王素”、杜仲“金雪康”的第一发明人，为民族地区扶贫攻坚、经济转型发展与社会和谐稳定做出了巨大贡献。曾获中国猕猴桃学会突出贡献奖、湖南省科技进步二等奖、湘西州政府科技兴州突出贡献奖等奖励，获中国优秀老科学技术工作者、全国星火计划先进工作者、湖南省老年科技精英等荣誉称号。

（撰稿人：张欣）

康北笙：

祖国啊，我亲爱的祖国

“乡愁是一湾浅浅的海峡，我在这头，大陆在那头。”

面前这位白发苍苍、精神矍铄的老人便是主人公——康北笙教授。采访中，康北笙教授拿出了一个装满照片的信封，每一张照片都贴有一张小纸条，记录着照片拍摄的时间和地点。望着一张张写满故事的老照片，78岁的康北笙教授陷入了往日的回忆。

家，是永恒的信仰

1949年，一个8岁的小女孩跟随父亲举家迁台，自此离开自己的故乡。

1963年，康北笙从台湾大学化学系毕业，踏上了赴美留学之路。求学美国的岁月里，康北笙夫妇时常与友人交流祖国的形势和变化，归国报效的念头慢慢在两人心中生根发芽。

遗憾的是，20世纪60年代中美尚未建交，回国之路困难重重。几经辗转，两位爱国青年先后在德国、意大利等国游学，同时寻找回国契机。经过两年多的焦急等待，中国驻意大利大使馆传出了好消息。接到来自祖国回音的那一刻，康北笙紧紧握住爱人的双手，哽咽道："回去了，回去了。"

1972年，康北笙夫妇搭上了意大利飞往中国的国际航班，两位爱国青年终于得偿所愿，回到祖国的怀抱。

理想是灯，照亮夜行的路

1972年秋，福州大学迎来了这两位归国华侨。

在福州大学短暂任教后，1973 年 5 月，康北笙夫妇调入中科院福建物构所。就在两人以为可以大展拳脚之际，国内外科研条件和资金支持的巨大差距逐渐显现，康北笙夫妇不得不自掏腰包从境外购买计算机和实验仪器，以保证科研工作得以开展。与此同时，许多同期归国的科学工作者因难以承受国内外的条件落差，再次奔赴大洋彼岸。

改革开放后，国内形势恢复稳定，研究条件也得到改善，康北笙夫妇陆续取得令人瞩目的成绩，同时也为国家培养了一大批优秀的科研人才。

家国情怀，是最深沉的力量

1995 年，康北笙夫妇来到中山大学。

当时化学系的所在地是始建于 1925 年的红楼建筑“陆达理堂”。为了改善师生的科研条件，两人商量后决定向在香港的父亲寻求帮助，捐资修建新的学院大楼——“丰盛堂”。

君子欲讷于言而敏于行。丰盛堂为学校师生提供了良好的学习条件与场所，但由于两人的谦逊低调，背后的故事却鲜为人知。多年来，康北笙夫妇不断地向中华慈善总会、中国红十字会以及各地灾区慷慨捐款，捐建甘肃省永登县红乐希望小学，捐资“中山大学紧急援助基金”，捐赠设立“丰盛服务奖”等。

访谈的最后，康北笙把面前的老照片一张一张地收回到信封里，放在我的手上，悄声说道：“这里是我七十多年的回忆，请保管好。我父亲在世的时候很可惜没有见到两岸统一，我想我应该很快可以看到。”

“荡漾的最终 / 只为从终点到起点 / 在我必将经过的波影里 / 倒映着我的爱人 / 我那爱人长望的故土啊 / 那原是你硕果累累 / 暗香游动的思念。”

人物小传

康北笙：1941 年生，中山大学教授、博士生导师，1963 年毕业于台湾大学，1967 年获美国芝加哥大学博士学位，1972 年回国。曾任国务院学位委员会第四、第五届化学学科评议组成员，中国科学院化学学科专家委员会委员，中国人民政治协商会议全国第五届委员会委员等职。围绕功能超分子化合物和分子聚集体的配位化学和结构化学进行研究，获国家自然科学二等奖、中国科学院自然科学奖一等奖、国家教委科技进步一等奖等。

（撰稿人：王子元、何致锋、阳雅婷、马志伟、薛玥）

王笑云：

医者生命的春华秋实

她从医执教半世纪，见证共和国从呱呱坠地到风华正茂的七十年风雨。她辛勤耕耘在中国肾病学科数十载，始终强调病人的呼唤就是命令。耄耋之年的她是医院“年龄最大的住院医师”。

她，就是南京医科大学肾脏内科教授、博士生导师，国务院特殊津贴获得者王笑云。

采访中，78 岁的王老向我们絮絮地讲述着手头患者的病情，并认真告诫我们：对医学要有敬畏之心；爱国爱岗，心系人民，是每一位医者的责任与使命。

春——红岩铸魂，以医为梦

1959 年，18 岁的王笑云考入南京医科大学前身——南京医学院。彼时中华人民共和国刚成立十周年，她将爱国、爱党、爱医学的情怀内化于心，外化于行，在社会主义的春天里如饥似渴地学习、成长。大学第一年，她便取得总分第一的好成绩。大四那年，她自编自导自演《红岩》，将革命英雄江姐“重生”于校园舞台，把为理想执着追求、为真理勇于实践、为国家为人民无私奉献的红岩精神传播得更广。本科毕业，王笑云作为优秀毕业生留在南京医科大学第一附属医院工作。

夏——白手起家，枝繁叶茂

1973 年是全国肾病和血透的起步阶段，南京医科大学第一附属医院始建肾病科和血透室。32 岁的王笑云接下重担，放下稚子，只身赴广州中山医学院进修。短短一年，她掌握了国内领先的腹膜透析（CAPD）技术，参与了该院血透室的摸索创建和人工肾技术开发。

学成归来，徐州送来一位急性肾衰无尿五天、高血钾病危患者急需诊治，王笑云连夜拆箱安装刚运到医院的人工肾机，使病人转危为安。就这样，王笑云身兼数职，创建了江苏省地方第一家血液透析室。

乘着改革开放的春风，王笑云精益求精，臻于至善。她多方学习，掌握了现代血液净化多种技术；开创了由肾内科医生进行的成为血透病人生命线的动静脉内瘘和血管移植手术；首创用甲状旁腺全切加前臂移植手术治疗严重尿毒症甲旁亢，获得省及卫生部科技奖。

王笑云热心于教学，1997年开始，她每年举办全国血液净化新技术学习班，为全国近百家医院培养人才500余名。

秋——硕果累累，薪火相传

退休后，王笑云又义无反顾地继续奋战在临床教学一线，散发秋日余热。自2009年担任南京医科大学附属明基医院内科部主任和教研室主任开始，她便以医院为家，上门诊、管病房、做手术、培养青年医师和教师，带教见实习学生。她说："只要身体允许，只要国家和工作需要，我就会一直干下去！"

医者有其术，亦当有其道。王笑云的榜样力量绝不止于医术的精进，更在于为国为民的守护与担当。一滴水也可以反射太阳的光辉，是她将个体生命转化为热血沸腾的时代洪流，是她用大半个世纪的身体力行诠释了"博学至精，明德至善"的南京医科大学精神。

人物小传

王笑云：1941年生，南京医科大学教授、博士生导师，享受国务院政府特殊津贴。中国血液净化中心管理学会第一届副主任委员，中华医学会肾脏病学分会第四、第五届常委，江苏省医学会肾脏病学分会第五届主任委员。1973年开始从事肾脏病和血液透析工作，是全国著名的肾病专家和第一代血液净化人。主编教材、专著300余万字，发表论文300多篇，获国家自然科学基金3项、省级课题15项、厅级及以上科技成果奖16项。

（撰稿人：沙子墨）

裴定一：

岁月增光彩——用汗水摘获皇冠上的明珠

“数学被称为自然科学界中最为璀璨的皇冠，在过去的半个多世纪里，他用自己的心血和汗水摘获了皇冠上的明珠。从基础数学到现代密码学，这些明珠为我国的数学研究与应用事业添砖加瓦，也为年轻一代照亮了前程。”

他，就是大数学家华罗庚的关门弟子，著名数论家、密码学家，中国密码学会筹建者及首任理事长裴定一。

是金子，岁月总会为之增光。作为老一辈科学家，裴教授心怀祖国和人民，敢于探索、乐于奉献，他从基础数学到密码学领域求索了近三十年，取得一系列引人瞩目的成就，为维护社会稳定，促进经济发展和确保我国信息安全贡献了巨大的力量！

结缘数学，师从华罗庚

1959 年高考，裴定一如愿考入中国科学技术大学数学系，遇到了影响其一生的名师——华罗庚。华老教他领悟了数学研究的方法，犹如练武功打通了“任督二脉”。他说：“华老对我最大的影响，在于培养数学的研究能力。每堂课虽讲得并不多，但讲得深、很透。”“如今的大学生，享受的教育资源丰富了，但有的人学习不如我们当年那么刻苦。”他时常告诫学生不要浮躁，要向华老学习，沉下心学好基础理论，勇攀事业高峰。

赴美深造，胸怀报国志

“如果没有新中国，我这一代人难以接受完整系统的教育；如果没有改革开放，我没有机会赴美留学。国家育我成才，我必须用毕生所学，为国家的数学研究和信息安全事业做出努力。”1978 年 12 月，作为改革开放后教育部派往美国的第一批访问学者中的一员，裴定一由华罗庚推荐进入普林斯顿大学数学系，师从著名日裔数学家志村五郎。虽不远万里赴美深造，但他心怀赤诚感恩心，立志报效祖国！

转攻密码，屡创新成果

“提到密码，大家总认为是用来打仗、搞谍报的，其实不然。随着社会发展，密码在商业领域得到越来越多的应用，特别是随着计算机网络通信的广泛使用，信息安全对于维护社会稳定，促进经济发展和保障国家安全的作用日益显著。密码技术是信息安全的核心技术，意义重大。”

留美归来后，因为国家需要，他的研究领域从数论逐步转入密码学，多次承担了密码学领域的国家项目，取得了一系列重要成果，获得了国家科技进步一、二等奖，并被授予“国家有突出贡献中青年专家”称号。1996 年，他在广州师范学院（现广州大学）创建信息安全研究所，还先后担任中国科学院研究生院信息安全国家重点实验室学术委员会主任、中国密码学会（筹）副理事长兼秘书长，兼任亚洲密码年会管理委员会委员、国际密码协会理事等职务。

多年来，他为我国密码学领域培养了大批优秀人才，更殷切地盼望着能够有更多有志青年为确保我国信息安全贡献力量！

人物小传

裴定一：1941 年生，广州大学教授、博士生导师，国内外密码界著名学者，担任中国密码学会理事长、国际密码学会理事、2006 年亚洲密码年会总主席等职。是著名数学大师华罗庚的关门弟子，也是改革开放后教育部派往美国的第一批访问学者（52 人）中的一员。1992 年获国家科技进步一等奖（集体奖）、1996 年获国家科技进步二等奖（集体奖），1996 年被授予“国家有突出贡献中青年专家”称号。

（撰稿人：房芯宇、李晓龙）

陶红：

固两国情谊，报党之培育

锦瑟年华，国家一声号召，她欣然响应，投身于老挝语教学。

古稀之际，本可功成身退，却为传播中华文化，远走异国他乡。

她将岁月献给祖国，只为一句“养我成才，党恩必报，滴水不苟”。

她，是全国老挝语教学的领军者、老挝国立大学孔子学院首任中方院长、老挝政府“友谊勋章”获得者陶红。

“我是党员，只要国家有需要，我还有气力，我定会全力以赴。”77岁的陶红教授眼神里透着自信。

不辱使命，结缘老挝

1965年，老挝、越南、柬埔寨身处于抗美救国之中，为支援三国的民族解放事业，国家在广西民族学院（现广西民族大学）设立“语言专科”，陶红被学校选为首批培养的老挝语专业教师。

材料少，设备差，靠着一套破旧的老式收音机和录音机，她便开始了老挝语的钻研。每晚九点，她直奔教研室，打开广播设备，收听名为“巴特寮”的老挝解放区电台节目。她拿起纸笔，一句一句地听，一遍一遍地写，嘴里反复跟着读，三年始终如一。每当回到宿舍，她想的不是洗漱休息，而是拿起当晚的材料，继续学习。时常听见楼下的鸡鸣，她才上床入睡。

艰苦岁月，为了不辜负国家的期望，她一心投入老挝语的学习，几近痴迷。

中老共在，党我同心

战斗仍在继续，为了支援老挝的解放事业，国家援建南宁“六七”学校。其间，一位老挝教师临产入院，医院急需老挝语翻译。陶红接到任务，第一时间赶往医院开展工作。她每日陪伴产妇，畅聊中老两国文化，还不辞辛苦地为产妇洗衣服，为婴儿搓尿布，帮忙打点生活。她面带笑容地说：“我做得来翻译也当得了保姆，组织安排的我都愿意做。”

学识渊博的她，没有故作姿态。一心为党的她，用善良与淳朴诠释了共产党员的责任与担当。

文化互动，友谊长青

2010年，陶红被委派为老挝国立大学孔子学院中方院长。68岁的她顶着酷暑烈日，披着湿衣，穿着布鞋，走遍老挝万象的大街小巷，为孔子学院9月开班做推广。曾经“六七”学校的学生了解情况后，免费在老挝电台做广播，帮宣传。开班那天，首期孔子学院汉语班报名人数达800多人。陶红欣慰地说：“祖国改革开放取得的辉煌成就，让老挝人民看到了希望，他们来学习是想了解中国。”

党露之恩，报以涌泉。陶红一生想要回馈国家，同时得到老挝政府授予的“友谊勋章”，更是她最好的回报。

人物小传

陶红：广西民族大学教授，广西民族大学“外语非通用语本科人才开放式培养”课题主要成员之一，是该课题老挝语专业部分的负责人，该课题获得2004年广西教学成果奖一等奖，2005年全国教学成果奖二等奖。被评为广西民族大学优秀共产党员、优秀教师、教书育人先进工作者。担任老挝国立大学孔子学院中方院长期间获得老挝政府“友谊勋章”。

（撰稿人：黄庭芳、戴远舒、杜绍霏）

刘晓武：

百年诗魂壮国魂，诗读中国慰平生

他从事党史研究近五十年，被评为天津市教育系统关心下一代工作先进个人、市高校教学楷模，天津财经大学优秀共产党员、十佳教师，获天津市优秀教学成果二等奖。他参与主编的《百年风云丛书》获全国精神文明建设“五个一工程”奖。

他两度罹患癌症，仍秉持初心，不离讲台，投身关心下一代工作，他以爱党爱国为主题的三十余个专题、百余场宣讲使校内外数万名大学生受益。

他，就是天津财经大学“五老”（老干部、老战士、老专家、老教师、老模范）代表刘晓武。

史书诗情系初心

刘晓武在四十年的教学生涯中，将无数志士仁人忧国忧民、爱党爱国的浩然诗章融入思想政治教育，形成了鲜明的教学特色。他常说：“百年诗魂壮国魂，要读懂中国，就要学史读诗，特别是学近现代史，读革命先烈的诗。”

在讲到民族危亡关头救亡图存时，他引用黄遵宪诗句“国民知醒宜今醒，莫待土分裂似瓜”。

讲到传播马克思主义先驱李大钊时，他引用林伯渠诗句“大智若愚能解惑，微言如闪首传真”。

讲到共产党成立的意义时，他引用何挺颖诗句“中国有了共产党，散沙结成水门汀”。这种史实与诗情密切结合的教学方法，紧扣历史节点，突出理想信念主题，效果显著。

抱病寄情百年诗

刘晓武罹患癌症十几年，但仍坚守大学生思想政治教育一线。他有诗“宜放大胆创新路，不可因循守旧规”，志在“教学科研结硕果，要为党旗增光辉”。他在演讲、著作中大胆创新，集史实、诗情、哲理于一体，融叙事、抒情、议论于一炉，文史并茂，启人智慧。

他主编的《百年风云丛书》之一《中华英魂》用近百年的历史对大学生进行爱国主义教育，弘扬了主旋律。他整理出版30万字的《诗说百年》，老一辈革命家萧克将军欣然题写书名，中央党史研究室原副主任廖盖隆为其作序。

牢记使命育后人

刘晓武常说，“关心下一代是天底下最阳光的事业，是老有所为的最佳选择。”“百年诗魂壮国魂，诗读中国慰平生；一秉初心终不悔，前路永系后来人。”他用自己独有的方式展现着老一辈“天财”人的初心和使命，即使在病重期间仍心系大学生成长，从未中断与学生和青年教师的联系。他结对帮扶的学生成为学校大学生习近平新时代中国特色社会主义研究会会长，他培养的青年教师已成为师德模范，他所在的天津财经大学两次获得全国关心下一代工作先进集体。

他表示，愿为关心下一代再干一百年！

人物小传

刘晓武：1945 年生，天津财经大学教授，曾任天津市中共党史学会副会长、市教育系统关工委副秘书长等。从事中共党史、中国革命史教学与研究 40 多年，被评为校十佳教师、天津市高校教学楷模，获天津市优秀教学成果二等奖，受到市政府表彰奖励。主编及参编著作 20 余部，发表论文 70 余篇。参与主编的《百年风云丛书》受到党和国家领导人赞扬，获全国精神文明建设“五个一工程”图书奖，所著《诗说百年》是体现文史结合的优秀作品。

（撰稿人：蓝婧尹）

韦穗：

我的一生很幸运

没有职务，她仍坚守岗位；没有工资，她仍专注科研。退休多年的她本应颐养天年，却泡在实验室潜精研思，披星戴月。

她，就是国家“863计划”先进工作者、安徽大学原副校长、七旬老人韦穗。

苏格拉底说："幸运是机会的影子。"一路走来，韦穗的个人命运与国家发展的需要紧紧相连。"幸运"二字伴随了她的一生，她也用"幸运"带来的机遇回报着祖国。

不甘雌伏，中流击水

1969 年，23 岁的韦穗一身朝气，怀着满腔热血，一心想报效祖国。但由于历史原因，她被分配到工厂做工人，大学所学的知识无处施展。和当时很多年轻人一样，她陷入迷茫：读书，真的有用吗？

然而，韦穗没有放弃知识。工作之余，她仍苦读理论书籍，一刻也不松懈。机会总是留给有准备的人，八年过去后，韦穗人生的第一个幸运悄然而至。1978 年，中国进入新的历史时期，邓小平"业务归口"政策的浪潮席卷大半个中国。这一消息让韦穗兴奋不已，学以致用的梦想终于要实现了！她提请调往安徽省无线电研究所，打破了旁人对她"八年老工人"的印象，以扎实而丰富的理论知识留在所中。

研究所的工作让她深刻感受到祖国的科研还有很长的路要走。不久，邓小平与时任美国总统卡特的一通电话达成了"选派一万名中国留学生到美国"的共识。韦穗抓住这一机会，凭借求学阶段深厚的英语底子与 C 语言技能在众多申请者中脱颖而出，获得了访学资格。两年的学习后，她放弃了美国优厚的薪资待遇，毅然回国。

赤子热诚，科教报国

幸运仿佛总是眷顾韦穗。1986年回国时正是世界高科技蓬勃发展的时期，邓小平作出“发展高科技、实现产业化”重要批示。有着大学专业知识、八年工人经历积淀和国外科研新思想，韦穗被选中参与“国家高技术研究发展计划”。作为国家“863计划”专家，她带领一批研究学者以科学作将领，以实践作士兵，为中国科研贡献力量。中国历史性突破的水下6 000米无缆自治机器人，就是这段时期建成。

就在她科研事业发展的黄金阶段，一份担任安徽大学副校长的邀请书让韦穗陷入两难。手头正在进行的科研项目如火如荼，此时放手就意味着放弃一项科研突破可能带来的荣誉。她沉思，祖国的未来需要优秀的新一代科研人，教书育人迫在眉睫。几番心理斗争后，她接受了邀请，从科研岗位转到并不熟知的教育事业。

任职的十年间，韦穗功绩累累。她培养出的多批年轻科创人才，已经在各个行业发光发热。她还创建了教育部计算智能与信号处理重点实验室，并成功带领安徽大学跻身“211工程”之列。而对于这些成就，她总是说得云淡风轻。

如今，韦穗仍奋斗在科研一线。她总说，一身“本事”不能丢，科研“梦”还要继续做。

人物小传

韦穗：1946年生，安徽大学原副校长，全国政协委员，国家图形图像学会副理事长。长期从事计算机视觉、图像图形学、模式识别、数学形态学和全息成像等领域的研究。国家“863计划”机器人主题专家组成员，我国自主研制水下6 000米作业机器人的首批科学家。荣获国家“863计划”智能机器人主题先进工作者、国家科技部授予“国家‘863计划’先进工作者”等荣誉，负责的大容量快速图像分析系统获中科院科技进步二等奖。

（撰稿人：张景）

聂在平：

让科研助力工业腾飞

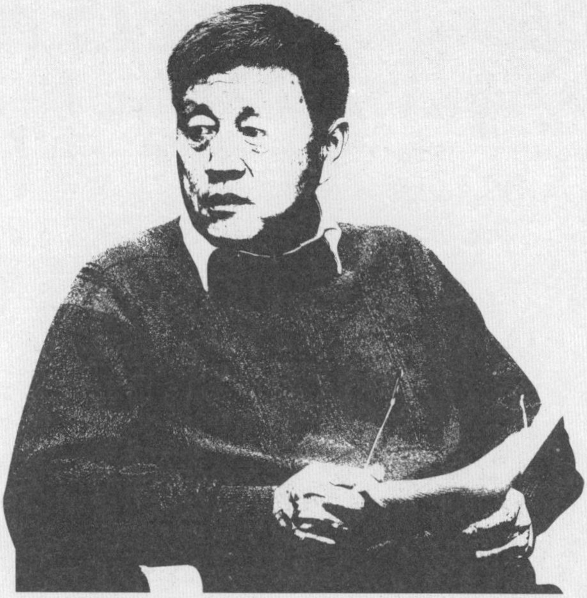

他是电气和电子工程师协会会士（IEEE Fellow），是第一个在应用计算电磁学国际会议上获得“技术卓越奖”的中国学者；他是把电磁波研究从“天上”引到“地下”，应用于石油测井的探索者。

他说：“我们要做的工科科研，就是要让科研成为科学与技术之间的桥梁，让研究成果真正转化为国家的工业实力，让科研真正服务于社会，这是一个科技工作者的良知与使命。”

他，就是电子科技大学教授、博士生导师聂在平。

采访在聂教授的办公室进行。他今年 72 岁，却依然步履矫健，充满活力。在娓娓的讲述中，聂教授把我们带到了电磁探测的奇妙世界。

艰难岁月磨砺品质，千锤百炼只为报国

聂在平是成都电讯工程学院（现电子科技大学）63 级雷达专业学生。在那个艰苦的年代，命运让这个年轻的学子尝遍了生活的酸甜苦辣，从挑粪、砍柴、插秧，到跑设备、搞维修，样样他都经历过。恢复研究生招生制度后，聂在平考上了母校“文革”后的第一届研究生，师从著名天线专家谢处方教授。艰苦的岁月锻炼了他坚忍的意志。他倍加珍惜来之不易的学习机会，圆满完成了毕业论文答辩，获得了国际知名学者的高度评价，研究成果还在国际学术期刊《IEEE Transaction on EMC》上发表。

为了加深自己的学术底蕴，1987 年，聂在平毅然赴美学习深造，师从在电磁领域享有盛誉的周永祖教授。导师深邃的理论见地、灵动的思想方法、执着的专业精神进一步拓宽了他的理论视野和学术思维。两年后，他学成归国，决心一展抱负，报答养育他的这片土地。

另辟蹊径寻获别样风景，坚守初心矢志服务社会

聂在平常说：既然无法走寻常路，那就去看不一样的风景。他深深意识到石油作为国家战略资源的重要性，以极大勇气和顽强意志把电磁学的研究方向从“天上”转到“地下”，开启了与中海油服长达 30 余年的合

作。特别是2007年中海油服和电子科技大学的联合实验室成立以来，联合申报成功三个国家级重点项目，相关科研经费增长到千万量级，相继完成了30余项科研课题。他的科研团队还承担了国内多个行业骨干研究院所和大型企业的科研任务，解决了很多“卡脖子”的难题。

五十多年来，支撑着他的始终是坚持以服务社会为导向，通过理论和实践、学术成果和工程应用、软件研发和硬件研制的结合，实现工科研究助力工业腾飞的理想。

科教并重培育英才，退而不休矢志前行

聂在平始终把人才培养作为一个教师的本职工作。他说：自己烧成了灰还是一个老师。他把最新的科研成果应用于教学，让学生在课题研究中领会理论的深度，实现科研与教学的相互促进。他所带领的科研团队如今也已成长为包括两位杰出青年基金获得者、两位优秀青年基金获得者的自然科学基金委创新群体。

聂在平至今仍保持着每天去实验室工作，每晚快走一小时的习惯。他开心地说：“为祖国健康工作五十年，我做到了，我希望这个指标能高些，再高些。”

退而不休，耕耘不止。这，就是一个老科技工作者的内心写照与社会责任！

人物小传

聂在平：1946年生，电子科技大学教授、博士生导师，电气和电子工程师协会会士。曾任电气和电子工程师协会

微波理论与技术学会成都分会主席，中国电子学会理事，计算物理学会理事，教育部学科发展与专业设置委员会委员，国家自然科学基金委员会咨询委员，国家自然科学基金委员会信息学部评审专家。曾获国家科技进步二等奖，省部科技进步一、二、三等奖共13项，获电子工业部有突出贡献专家、省优秀博士生导师、省学术与技术带头人等荣誉称号。

（撰稿人：刘静、陈小雨）

胡义成：

药箱里的“初心”

人生最美的情怀，莫过于时过境迁，仍初心不改！

这是一个乡村老兽医的故事。这位老兽医家里始终珍藏着三口旧药箱，每口药箱似乎都在诉说着这位老人年深日久的陈年医事，也记载着我国医疗事业的发展足迹，更传递着一份历久弥新的情怀与初心。

胡义成是一名乡村退休兽医。他有一口大大的老式柜子，里面锁着三口年代不同、款式不一的药箱。他说，这些药箱，叙述着新中国医疗事业发展的故事，也见证着他行医时的情怀与梦想。

药箱装载的故事

第一口药箱距今已有51年了，木质红漆，正面刻着“为人民服务”五个红色大字，还有一根磨得蜡黄的牛皮背带。胡义成说，那个年代，农村合作医疗制度刚刚建立，农村专业医护人员奇缺。学医的胡义成从长沙毕业回到农村，就成为一名“赤脚医生”，亦农亦医。那时，交通不便，胡义成行医没少背着这口沉重药箱大晚上赶山路。

改革开放初期，单位给胡义成派发了第二口药箱。相比起第一口的样式古板，略有蠢笨之态，第二口表面没有了五个大字，两个锁扣的设计显得更加灵活专业。随着防疫站的逐步独立经营，胡义成结束了整天负重奔波上门问诊的行医方式，有了办公室，这口药箱便在办公室里陪伴了胡义成上千个日日夜夜。

时光进入21世纪初，随着社会防疫服务中心遍布中华大地，药箱大多被专业的药库所取代。但在偏远的农村，药箱仍然普遍存在，这时的胡义成也有了第三口药箱。这口药箱铁质坚固，灵巧美观，陪伴了胡义成走过了他最欢欣鼓舞的时期。

药箱映射的情怀

现在，胡义成退休十几年了。每当他躺在藤椅上回忆这些行医往事时，经常挂在嘴边的一句话就是："我们正经历着越来越好的时代。"他自豪于自己 38 年的职业生涯并无愧于行医人的职业使命；自豪于自己拥有三口不同时段的药箱，见证时代的进步；自豪于新时代在中国共产党的领导下中华大地创造了"两不愁三保障"的发展伟业。

胡义成说，这三口药箱，装满了他行医一生为人民服务的情怀，映射了我们党自始至终为人民谋幸福的初心。

药箱传承的初心

每当走在现代化的大学校园里，感受着伟大祖国 70 年来的沧桑巨变与蓬勃发展，憧憬着"两个一百年"奋斗目标和实现中华民族伟大复兴中国梦的美好蓝图时，胡义成抚摸三口药箱的情景就会不时浮现在我的脑海，激励着我不忘初心，珍惜青春，勤奋学习，砥砺前行。

这三口药箱，我会一直保存下去。关于药箱的故事，我会讲给我的孩子以及孩子的孩子听。因为我知道，我们成长不能忘记那段催人奋进的历史，不能忘记那些代代相传的精神，更不能忘记那颗不变的初心……

人物小传

胡义成：1946 年生，高级兽医师。毕业于省属长沙农业学校，后就职于长沙市宁乡县兽医联站，改革开放后转至宁乡县青山桥镇防疫站。任职期间，全身心投入工作中，多次被评选为“宁乡县兽医师先进个人”。服务乡镇畜牧兽医三十八载，在几十年的职业生涯中，带领团队拼搏奉献。行医之余，牢记使命，力所能及帮助他人，为人民服务，深受他人敬仰和爱戴。2006 年 12 月退休后，还不忘身体力行地支持农村医疗制度改革，助力家乡建设和发展。

（撰稿人：胡卓龙）

欧阳宏生：

不忘初心，与时俱进

在欧阳教授的学生当中传唱着这样一首歌曲：“他有教授的谨严，他有大师的纯良；他有文人的飘逸，他有学者的荣光。几十年如一日，开启学子视野；几十年如一日，谱写传媒华章……”

儒雅、谦和，是欧阳宏生教授给人的第一印象。

他出身知识分子家庭，很早便开始读书，从此与文字和教育结下了不解之缘。

夯实基础，突破自我

20 世纪 80 年代初，我国新闻学科亟待发展，他开创性地将社会学、心理学等学科应用于新闻研究。短短几年，发表 40 多篇学术论文，出版《新闻学论集》等著作，开创了新闻学跨学科研究的先河。

20 世纪 90 年代中后期，作为国家“九五”重点课题《中国电视论纲》的总撰稿，欧阳宏生为建立一套具有中国特色的社会主义电视理论，出版了《广播电视学导论》《广播电视概论》《中国广播电视学》等专著，成为我国广播电视基础理论的重要开拓者。21 世纪以来，《电视批评论》等一系列成果开拓了一门新的学科——电视批评学。

“祖国的繁荣昌盛与个人的幸福荣誉休戚相关”，欧阳宏生写在书本上的这句话亦是其人生写照。

理论创新，硕果累累

“博观而约取，厚积而薄发。”2001 年，欧阳宏生作为被引进的特殊人才，成为四川大学的一名教授。同年，获得全国首届“十佳”广播电视理论工作者称号，全国高校获奖者仅有两位。

进入四川大学（简称川大）后，他主持举办了二十多次全国性学术研究论坛，扩大了四川大学传媒学科在全国的影响力，也带动了整个西部地区广播电视学科与外界的交流合作。

从地方媒体到中央媒体、从业界到学界、从一般传播到认知传播，欧阳宏生不停地在跨越中前进，在跨界中创新。2014 年以来，他将认知科学与传播学融合研究，建立了一套系统完整的认知传播科学体系，为我国跨学科研究写下了浓墨重彩的一笔。

春风化雨，桃李芬芳

“欲立人，先立己。”从教以来，欧阳宏生从未缺课或迟到，他尽可能多地与学生交流指导。即便学生已完成学业，他的关注也不曾减少。2003 级硕士生唐陟感慨道：“2003 年 6 月，我到央视实习，老师担心我难以适应‘京漂’生活，特地嘱托他在央视工作的女儿照顾我，让初到北京的我感到温暖。”

“在川大从教的近二十年是我人生中最充实、最有意义、成果最丰富的美好时光。”欧阳宏生如是说。

2001 年至今，欧阳宏生培养了 80 多名博士、30 多名硕士等高端人才及访问学者。目前，欧阳门的毕业生已遍布全国，成为新闻传播领域教学、科研、经营、管理岗位上的骨干力量。

与时俱进是欧阳宏生一以贯之的学术理念与追求。“踏踏实实做学问，平平淡淡做人”是他的自勉语，这份初心也激励着我辈学子放眼时代、砥砺前行，激励我们与祖国同呼吸、共命运，为祖国的繁荣发展不懈奋斗。

人物小传

欧阳宏生：1951年生，四川大学二级教授、博士生导师，高级记者，全国首届“十佳”广播电视理论工作者。担任中国广播电影电视社会组织联合会学术委员、中国高校影视学会副会长等多个学术职务，任国际纪录片金熊猫奖、中国电视艺术金鹰奖、中国新闻奖、长江韬奋奖等评委。先后主持2项国家重点课题、1项部级重大课题、15项国家一般及省部级课题，发表论文300余篇，出版著作18部，主编国家重点教材2部。

（撰稿人：李贤秀、姬晓星）

戴俊生：

征战世界屋脊的老黄牛

他是中国首批挺进青藏高原的青年教师之一，也是全国探寻新的石油储藏的先驱之一。

他在人们谈青藏高原色变之际主动要求加入第一批远征青藏高原的勘探大军，与世界“第三极”作斗争，为石油事业贡献力量，甚至一度为自己做最坏的打算。

他，就是“征战世界屋脊的老黄牛”，构造地质学学科带头人、山东省教学名师、中国石油大学（华东）地球科学与技术学院教授戴俊生。

谈及戴俊生，石油学子肃然起敬，他热爱石油行业，他与石油的故事代代相传，激励一代又一代的石油学子砥砺前行。

勇者无惧，挑战生命极限高度

1995年初夏，戴俊生毅然加入我国号称“800兄弟”的勘探大军，远征青藏高原，历经5个月的野外考察，为全国探寻新的石油储藏奠定了坚实的基础。

青藏高原虽然矿产资源丰富，但环境恶劣。刚抵达基地时，作为副队长和技术总负责的戴俊生立马着手第一剖面的测量，由于风大水寒，他病倒了，高烧39℃！而这时，又从其他研究队传来了两名队员殉职的噩耗！“幸亏他有非凡的意志和乐观的精神。”随队医生松了口气，他终于挺过来了！但高原反应并未退减，为了防止感冒和紫外线对人体的损伤，戴俊生有意不洗脸、不刮胡子、不洗头，更不洗澡。他和队员开玩笑道：“我这样子简直就是‘现代猿人’！”

戴俊生用乐观的心态和顽强的意志度过了这103个难忘的日子，用自己的青春和热血在世界屋脊留下了一段辉煌的人生轨迹。

行者无疆，团结共辟远征路

怀揣着对石油事业的热爱，戴俊生几乎跑遍了全国各地，整个中国的地质状况在他的脑海里形成了一张清晰的地图，同事们说和他一起在野外就像吃了一颗定心丸。

青藏高原人迹罕至，几乎无路可言。在一次考察途中，戴俊生乘坐的车在荒漠里抛锚，茫茫原野，天黑了也不知哪儿是宿营地，戴俊生知道在车上过夜如果入睡可能永远也不会再醒来。他便带头讲笑话，直到把肚子里所有的话都掏干净，直到东方发白，看到队友们前来营救。戴俊生从此成了队员们的定心丸，他们坚信，只要戴副队长在，大家就能安全回去。

青藏高原本没有路，但当他踏上那片荒瘠时，便就有了路。

师者有道，立足本职踏实奉献

1982 年，戴俊生毕业于华东石油学院（现中国石油大学（华东））并留校任教，他负责的构造地质学课获山东省精品课程。工作和生活中的戴俊生总是笑眯眯、乐呵呵的，学生们与他也没有距离感，可以“随意”打开他的办公室看他的书和资料，“随意”喝他的好茶，“随意”与他谈经论道，戴老师就是在这些“随意”中“有意”培养学生的主动意识和创新能力。桃李不言，下自成蹊，几十年来，戴俊生培养的大批石油地质人才已遍布天下，成为行业骨干和领军人物。

熟悉戴俊生的人都喜欢把他比喻成老黄牛，不论是课堂中，还是世界屋脊上，他始终以身体力行践行石油人的使命与担当，用自己的一生抒写石油人的家国情怀。

人物小传

戴俊生：1958 年生，中国石油大学（华东）教授、博士生导师。曾任地球科学与技术学院副院长，山东省精品课程、山东省重点学科负责人。首批挺进青藏高原的教师之一，山东省教学名师，普通高等教育“十一五”国家级规划教材《构造地质学及大地构造》主编，《石油地质与工程》和《复杂油气藏》编委。

（撰稿人：郭晓英）

后　记

“读懂中国”活动是教育部关工委开展的一项思想政治教育品牌活动。活动聚焦改革开放40周年、中华人民共和国成立70周年、中国共产党建党100周年等重要历史节点，一年一个主题，组织青年学生与亲身经历重大事件的本地、本校“五老”结对，以视频或征文形式展示传播，旨在通过身边人讲自身事，感动影响身边人，使广大青年学生在记述和传播老同志的故事中接受生动鲜活的“四史”教育。

2019年，活动以“我和我的祖国”为主题，在全国高校全面开展，近千所高校、百余万名大学生参与其中，采访优秀“五老”万余名。教育部关工委从各地各校上报的590篇征文中评选出60篇最佳征文入选本书。这些文章讲述的主人公有荣立赫赫战功、为新中国成立做出突出贡献的老战士，有用知识改变中国、推动国家富强的老专家，有德高望重、桃李天下的老教师，有刚刚被国家授予“人民教育家”称号的老模范，他们与祖国同成长的奋斗故事是鲜活、生动、优质的思想政治教育资源，将激励一代代青年学子以老同志为榜样，更加坚定理想信念、锤炼意志品质、练就过硬本领，脚踏实地地走好每一步。

“读懂中国”活动的成功举办得到了中国教育电视台、中国大学生在线、各地各校关工委和参与相关工作老师的悉心指导和辛勤付出，本书的出版也得到了广西师范大学出版社的大力支持，在此表示衷心的感谢。

教育部关心下一代工作委员会

二〇二一年四月

图书在版编目(CIP)数据

我和我的祖国/教育部关心下一代工作委员会编.—桂林:广西师范大学出版社,2021.4(2022.2 重印)
ISBN 978-7-5598-3093-7

Ⅰ.①我… Ⅱ.①教… Ⅲ.①爱国主义教育-中国-青少年读物 Ⅳ.①D647-49

中国版本图书馆 CIP 数据核字(2021)第 052645 号

我和我的祖国
WO HE WODE ZUGUO

出 品 人:刘广汉
策划编辑:刘美文
责任编辑:周 伟 李 梅
封面设计:李婷婷

广西师范大学出版社出版发行
(广西桂林市五里店路 9 号 邮政编码:541004
网址:http://www.bbtpress.com)
出版人:黄轩庄
全国新华书店经销
销售热线:021-65200318 021-31260822-898
山东韵杰文化科技有限公司印刷
(山东省淄博市桓台县桓台大道西首 邮政编码:256401)
开本:690mm×960mm 1/16
印张:15.75 字数:210 千字
2021 年 4 月第 1 版 2022 年 2 月第 2 次印刷
定价:45.00 元
